M. RUQUET
J.-L. QUOY-BODIN

COMMENT DIRE ?

Raisonner à la française
2

EXERCICES
CONDITION - HYPOTHÈSE - OPPOSITION
CONCESSION - COMPARAISON

CLE INTERNATIONAL
27, rue de la Glacière - 75013 Paris
Accueil des enseignants et vente :
18, rue Monsieur-le-Prince - 75006 Paris

I.S.B.N. 2-19-033827-1

SOMMAIRE

INTRODUCTION 5

CONDITION - HYPOTHÈSE

Sensibilisation 7
Conjonctions 8
Synthèse 15
Lexique 17
Synthèse 19

COMPARAISON

Sensibilisation 21
Conjonctions 22
Prépositions 26
Synthèse 28
Lexique 30
Synthèse 32

OPPOSITION - CONCESSION

Sensibilisation 35
Prépositions 36
Conjonctions 38
Synthèse 41
Lexique 43
Synthèse 45

SYNTHÈSE 47

CORRIGÉ 55

INTRODUCTION

Cet ouvrage s'adresse à tous ceux qui sont soucieux de s'exprimer avec plus de rigueur et de clarté. Il se donne comme but de conduire l'utilisateur vers la maîtrise de son argumentation.

Les exercices proposés ici constituent un travail systématique sur les contenus présentés dans l'ouvrage de référence, *Raisonner à la française*, publié dans la même collection.

Les solutions des exercices se trouvent en fin d'ouvrage.

CONDITION - HYPOTHÈSE

SENSIBILISATION

EXERCICE 1

A) Relevez dans ce texte tous les éléments ayant trait à la condition et à l'hypothèse.

B) Lorsque vous aurez assimilé la théorie, imaginez à votre tour une fiction dans laquelle vous introduirez, sans tomber dans l'excès, des expressions de condition et d'hypothèse.

Catastrophe-fiction

Les nombreux accidents nucléaires déjà survenus un peu partout dans le monde laissent présager de semblables catastrophes en France. Si des gaz radioactifs venaient à s'échapper de la centrale atomique de Nogent-sur-Seine, que se passerait-il ?

Il est vraisemblable que la situation serait maîtrisée en moins de deux heures mais il y a de fortes chances pour que les techniciens de la centrale aient été exposés à de fortes doses de radioactivité. Et, probablement, des rejets risquent d'irradier ou de contaminer la population environnante. Conséquence, les habitants pour autant qu'ils y consentent, devront être acheminés vers le Sud. Quant aux irréductibles[1], ils pourront rester chez eux à condition de fermer portes et fenêtres, de couper toute ventilation susceptible de faire entrer des poussières radioactives. En l'absence de volontaires, les employés municipaux seront affectés au lavage des rues et des bâtiments afin de disperser la radioactivité. Si le vent se mettait à souffler et qu'il pousse le nuage sur la capitale, la situation s'aggraverait en cas de pluie.

C'est pourquoi, à défaut d'abris anti-atomiques, les Parisiens assiégeraient les pharmacies pour acheter d'hypothétiques médicaments « antiradiations ». Pour peu que la rumeur dégénère, ce serait la ruée vers les gares et les aéroports. Il n'est pas douteux que les bassins versants[2] de la Seine et de la Marne auront aussi été affectés. Au risque d'une nouvelle panique, les organismes sanitaires devront déconseiller la consommation d'eau. Tombe cette nouvelle et les stocks d'eau minérale seront pris d'assaut ; quelques heures encore et le prix de l'Evian[3] sera multiplié par dix, les conserves et les surgelés disparaîtront des rayons d'alimentation. D'autre part, un rapide calcul permet d'estimer à une journée et demie le délai nécessaire pour pousser d'éventuelles particules radioactives vers l'Allemagne.

Suivant que le taux d'irradiation dû à ce nuage sera supérieur ou inférieur à la norme tolérée, nos voisins prendront ou ne prendront pas de mesures concernant les produits frais et le confinement[4] de leur population. Enfin, à supposer que des experts étrangers relèvent des taux inquiétants d'irradiation, les pays situés au nord-est de la France exigeront des explications.

N'était cette fâcheuse habitude du secret touchant au nucléaire, les responsables administratifs et politiques pourraient mieux informer les populations et, de cette manière, éviter une psychose collective ainsi que la réprobation des autres nations.

1. Ceux qui ne veulent pas quitter leur habitation.
2. Bassins distribuant l'eau à la région parisienne.
3. Eau minérale.
4. Isolement forcé.

EXERCICE **2**

Si et les concordances de temps

Faites les concordances pour les verbes mis entre parenthèses.
Donnez la valeur de la condition et de la conséquence, ou de l'hypothèse.
Soulignez, quand il y en a un, l'indice qui vous a amené à cette solution.

Exemple : Si tu (vendre) **vends** ta chaîne hi-fi, je te l'(acheter) **achète immédiatement.**
Condition = actuelle ou future / Conséquence = immédiate.
Indice = **Immédiatement.**

A) La condition

1. L'été, si l'orage (menacer) ____________ , les hirondelles (voler) bas.

2. Si les ventes (reprendre) ____________ au cours de l'année, l'usine (embaucher) ____________ de nouveau.

3. Si la police (ne pas arrêter) ____________ le tueur fou dans les 24 heures, elle (pouvoir) ____________ déclencher une opération d'envergure.

4. Si les soldes (commencer) ____________ , (m'avertir) ____________ , s'il te plaît.

5. Au casino, si la chance (se mettre) ____________ à tourner, je (quitter) ____________ la salle de jeux aussitôt.

6. Si tu (vouloir) ____________ que je règle ta télé, (me le demander) ____________ et je le (faire) ____________ avec plaisir.

7. Si vous (se lancer) ____________ dans les placements en Bourse, il (falloir) ____________ que vous (se faire) ____________ conseiller avant.

8. Si nous (ne pas recevoir) ____________ votre réponse sous huitaine, nous (être) ____________ contraints d'employer les moyens légaux.

9. Si vraiment tu (brûler) ____________ un feu rouge, alors tu (se mettre) ____________ dans de beaux draps !

10. Si je (ne pas ouvrir) ____________ les yeux avant 10 heures, (me réveiller) ____________ et je (se lever) ____________ tout de suite.

11. Si tu (avoir) ____________ absolument besoin de ce livre, (venir) ____________ le chercher, je (t'attendre) ____________ jusqu'à midi mais pas plus tard.

12. Si notre réception (être réussi) ____________ ce soir, nous (ne pas se donner) ____________ de mal pour rien.

B) L'hypothèse (imparfait)

1. « Si les ânes (voler) ____________, tu (être) ____________ chef d'escadrille. » (Pagnol)
2. Si, d'aventure, un chahut (se déclencher) ____________ dans la classe, un coupable (être désigné) ____________ d'office et puni !
3. Finalement, ça (n'avoir rien) ____________ de tragique, si, ce soir, je (s'arrêter) ____________ de travailler puisque tu n'as pas besoin de ce compte rendu !
4. Si le lancement de la fusée (réussir) ____________ aujourd'hui, tous les échecs et retards (ne pas être accumulé) ____________ en vain.
5. Si tu (dénicher) ____________ un appartement de 120 m², bien situé dans Paris et en bon état : (ne pas hésiter) ____________, (l'acheter) ____________ immédiatement.
6. Si, par malheur, il (rencontrer) ____________ un ami qu'il n'avait pas vu depuis longtemps, il (entamer) ____________ une discussion qui (durer) ____________ des heures et des heures et toi, tu (attendre) ____________, tu (attendre) ____________ !
7. (Se dépêcher) ____________ de filer : si jamais le train (partir) ____________ sans nous !
8. Si je (ne pas oser) ____________ ce soir, (oser) ____________ jamais ? (S. de Beauvoir)
9. Si les temps (devenir) ____________ plus difficiles, tu (devoir) ____________ ou te recycler ou parfaire ta formation professionnelle.

C) L'hypothèse (plus-que-parfait)

1. Si Dieu (vouloir) ____________ que les hommes volent, il leur (donner) ____________ des ailes.
2. Si le problème de l'emploi pour les jeunes (résoudre) ____________ avant, le gouvernement (ne pas démissionner) ____________ aujourd'hui.
3. Si cet acteur (décrocher) ____________ le contrat auquel il avait aspiré, souvent il (aller) ____________ aussitôt fêter ça au Fouquet's.
4. Sûr que si cet athlète (ne pas prendre) ____________ ce risque en fin de course, il (se faire) ____________ voler la victoire juste avant la ligne d'arrivée.
5. En général, si les soldes de fin de saison (être annoncé) ____________ par la presse, les clients (se ruer) ____________ dès l'ouverture des magasins.
6. « J'ai posé ma candidature à l'École Supérieure de Cinéma, j'ai été accepté. Si on (me dire) ____________ non, je (être) ____________ aujourd'hui docteur à Budapest. » (Istvan Szabo - Cinéaste hongrois)
7. « Paule avait raison de l'accuser d'hypocrisie : s'il (croire) ____________ à l'imminence d'une 3ᵉ guerre mondiale, il (ne pas être) ____________ de si bonne humeur. » (S. de Beauvoir)
8. Si je (savoir) ____________ à 20 ans ce que je (savoir) ____________ aujourd'hui, je (ne pas commettre) ____________ les erreurs que je (commettre) ____________ entre-temps.

D) L'hypothèse (concordances littéraires) (plus-que-parfait du subjonctif)

1. Voir pleurer un homme est chose rare. Et si Pierre (surprendre) ____________ Benjamin en train de sangloter, cela (être) ____________ gênant pour tous les deux.
2. Il ne s'agissait pas d'hypnotisme ni même de charme magique. Car s'il (s'agir) ____________ de suggestion ou de pratiques d'ensorcellement, les effets (devoir) ____________ s'en manifester dans des circonstances extraordinaires. (Henri Bosco)
3. Si seulement le jour (avoir) ____________ la bonne idée de se lever, cela (signifier) ____________ pour Jean la fin de ses cauchemars.
4. Dans ce couple, chacun détestait l'infidélité de l'autre, pourtant si un seul des deux (faire) ____________ un geste vers l'autre, ils (réussir) ____________ à vaincre leurs différends. En tout cas, même pour un ami, intervenir (être) ____________ la pire des maladresses.

E) Synthèse

1. Si quelque chose ne va pas, ça (se voir) ____________ tout de suite sur son visage.
2. Si vous aviez un problème, (ne pas hésiter) ____________ à venir me voir, je (être) ____________ très heureux de vous rendre service.
3. On ne (faire) ____________ jamais rien, si on (considérer) ____________ que rien n'est possible, sauf ce qui (exister déjà) ____________ .
4. S'ils (vouloir) ____________ que je (venir) ____________ les voir, eh bien ils n'avaient qu'à me le faire dire !
5. Si elle (prendre) ____________ conscience en temps voulu de son erreur, elle la (corriger) ____________ sûrement... (L.S.)
6. Si tu (dire) ____________ la vérité, on te pardonne ; mais si tu (mentir) ____________ tu (être puni) ____________ .
7. Si j'avais été un fils à maman comme toi, toute ma vie en (être changé) ____________ et je (se la couler) ____________ douce.
8. Si, par malchance, je (ne pas revenir) ____________ de cette guerre, (se consoler) ____________ , tu sais que je n'ai jamais aimé la vie.
9. Si l'opinion internationale (manifester) ____________ moins d'indifférence, ce mouvement extrémiste (ne pas prendre) ____________ autant d'ampleur. (L.S.)
10. Si, dans deux jours, je (ne pas obtenir) ____________ de réponse, je (voir) ____________ ce que je déciderai.
11. Si tu (tenir) ____________ à savoir ce que je pense de toi, je (le dire à toi) ____________ .
12. « Si les cerveaux (s'arracher) ____________ comme des dents gâtées ou (s'épiler) ____________ comme des sourcils, il y a beau temps que tu (faire) ____________ supprimer le tien. » (Y. Queffélec)
13. « Je file un bien mauvais coton et si ça (durer) ____________ il ne me (rester) ____________ qu'à fermer le cabinet médical. » (S. de Beauvoir)

EXERCICE **3**

Synthèse sur les variations de SI et les prépositions.

A) Dans le texte suivant, transformez les éléments en gras en prépositions ou en variantes de **si**.

B) Puis, parlez d'un événement ayant eu lieu dans votre pays. Vous mettrez en relief les conditions particulières dans lesquelles il s'est déroulé. Vous ferez des suppositions en alternant prépositions et conjonctions.

Parlez-nous de Mai 68 en France

Au printemps de 1968, le mécontentement étudiant est à son comble. Au début du mois de mai les incidents se multiplient dans les facultés de Nanterre et de Paris. Les cours à la Sorbonne sont suspendus. Le bruit court alors que, **si** la situation s'aggravait, le gouvernement serait prêt à faire intervenir la police pour évacuer la Sorbonne[1]. De fait, dès le 3 mai, la police intervient.

Si 4 manifestants **n**'avaient **pas** été condamnés à 2 mois de prison ferme, les étudiants ne seraient pas descendus dans la rue pour dresser des barricades dans tout le Quartier latin[2] **même s**'ils devaient affronter les C.R.S. (compagnies républicaines de sécurité).

À moins de voir le gouvernement disposé à libérer leurs camarades, les étudiants parisiens étaient décidés à aller jusqu'au bout. Au lendemain de la fameuse « nuit des barricades » (11-12 mai), on dénombre 400 blessés, 188 véhicules incendiés et de nombreux arbres abattus.

Les syndicats d'étudiants n'acceptent de négocier avec le gouvernement que **si** celui-ci libère les condamnés, mais, **si** une mesure d'apaisement n'intervient pas, ils donneraient des consignes de durcissement de la grève.

Le Premier ministre Georges Pompidou, de retour d'un voyage en Iran, prend alors l'initiative de libérer les étudiants condamnés **même s**'il doit être désavoué par la suite par le Président de la République, le général de Gaulle.

Mais le mécontentement ouvrier vient s'ajouter à celui des étudiants. Le 15 mai, les usines Renault sont occupées. Puis la grève s'étend aux services publics vite paralysés. Tant chez les ouvriers que chez les étudiants et les fonctionnaires, c'est l'heure de la « contestation » : **on semble vouloir** profiter de l'embarras évident des pouvoirs publics.

Le 18 mai, de Gaulle rentre d'un voyage en Roumanie. Le 25, s'ouvrent les négociations dites de Grenelle[3] entre ouvriers et patronat. **Si** le gouvernement accordait d'importantes concessions aux syndicats, il savait qu'il parviendrait à détacher le mouvement ouvrier du mouvement étudiant. Le 27, l'accord est conclu. Le 29, de Gaulle part secrètement en hélicoptère à Baden-Baden[4] pour s'assurer du soutien éventuel de l'armée **en cas de** détérioration du climat social.

Le 30, le Président annonce à la radio la dissolution de la Chambre des députés. Cette allocution a un impact considérable sur l'opinion. **Dans le cas contraire**, on pourrait se demander si de Gaulle aurait utilisé la manière forte pour rétablir l'ordre. Quoi qu'il en soit, de nouvelles élections donnent aux gaullistes une écrasante majorité (23-29 juin). Le travail reprend peu à peu dans tout le pays.

Si on en juge, avec le recul du temps, les événements de Mai 68 auront laissé des traces durables, notamment sur le plan sociologique, **en dépit de** certaines maladresses : **avec** plus de souplesse et moins d'acharnement, les étudiants français auraient-ils obtenu satisfaction dans leurs revendications ? Ce n'est pas sûr.

L'enseignement secondaire et supérieur cessaient d'être sélectifs et s'ouvraient à la majorité des jeunes, mais de ce fait, des millions d'entre eux, mal qualifiés, allaient, à partir de 1976, connaître le chômage. Enfin, **si** l'on se fie aux affirmations des sociologues, l'habitude de la contestation dans tous les domaines aurait accéléré le processus de déchristianisation de la société française.

1. La Sorbonne jouissait depuis le Moyen Âge d'une immunité qui la mettait à l'abri de toute intervention par la force.
2. Quartier environnant la Sorbonne.
3. Nom de la rue parisienne où ont eu lieu les accords.
4. Ville d'Allemagne fédérale où se tiennent en permanence des régiments français.

EXERCICE **4**

POURVU QUE / POUR PEU QUE / SI TANT EST QUE / POUR AUTANT QUE

A) Introduisez dans les situations proposées une des 4 locutions.

B) Justifiez votre choix à partir des indices que vous soulignerez.

Exemple : « **Si simplement** je dis à mon mari que j'ai envie d'aller dîner au restaurant, comme par hasard, il doit voir absolument une émission à la télé. »
« **Pour peu que** j'aie envie d'aller au restaurant, mon mari doit voir...
Si simplement = il suffit que — Condition minimale (nuance ironique).

1. Le travail sera achevé d'ici à la fin du mois à condition que le client ne veuille pas la perfection.
2. Mon salaire est maigre ; mais si la banque m'accorde un prêt, j'emprunterai volontiers pour acheter un appartement. Je crains un refus.
3. Tu l'obtiendras ton permis de conduire mais donne-toi un peu de mal !
4. J'ai perdu mes clefs ! J'espère qu'Alex possède encore son passe-partout et qu'ainsi il pourra ouvrir ma porte blindée.
5. Elle parviendra à vaincre sa maladie... si elle montre un tant soit peu de volonté ! Mais...
6. Si au moins ce joueur n'avait pas été éliminé, son équipe aurait gagné.
7. Il pourra épouser Elizabeth en secondes noces s'il a obtenu le consentement de divorce de sa première femme, quoique...
8. Je ne crois guère à l'efficacité de cet antibiotique, mais s'il agissait, l'infection aurait une chance d'être enrayée.

Mon frère

EXERCICE **5**

Paroles et Musique Maxime LE FORESTIER

Toi le frère que je n'ai jamais eu
Sais-tu si tu avais vécu
Ce que nous aurions fait ensemble
Un an après moi tu serais né
Alors on se s'rait plus quitté
Comme deux amis qui se ressemblent
On aurait appris l'argot par cœur
J'aurais été ton professeur
À mon école buissonnière
Sûr qu'un jour on se serait battu
Pour peu qu'alors on ait connu
Ensemble la même première.

Mais tu n'es pas là, à qui la faute ?
Pas à mon père
Pas à ma mère
Tu aurais pu chanter cela

Toi le frère que je n'ai jamais eu
Si tu savais ce que j'ai bu
De mes chagrins en solitaire
Si tu ne m'avais pas fait faux bond
Tu aurais fini mes chansons
Je t'aurais appris à en faire
Si la vie s'était comportée mieux
Elle aurait divisé en deux
Les pair's de gants les pair's de claques
Elle aurait sûrement partagé
Les mots d'amour et les pavés
Les filles et les coups de matraque

Mais tu n'es pas là, à qui la faute ?
Pas à ma mère
Pas à mon père
Tu aurais pu chanter cela

Toi le frère que je n'aurai jamais
Je suis moins seul de t'avoir fait
Pour un instant pour une fille
Je t'ai dérangé, tu me pardonnes
Ici, quand tout vous abandonne,
On se fabrique une famille.

Exploitation de la chanson

Première strophe : *a) Vocabulaire : Qu'est-ce que l'argot (L. 7) ? L'école buissonnière (L. 9) ? La même première (L. 12) ?*
b) Ponctuation : Que mettriez-vous après « ensemble » (L. 3) ?
c) Grammaire : Pourquoi le conditionnel passé de L. 4 à L. 12 ? Trouvez une autre forme à « on se serait battu pour peu qu'on ait connu... » (L. 10-11).
d) Sens : Quels rôles se donne l'auteur dans cette strophe ?

Deuxième strophe : *a) Vocabulaire : Faire faux bond (L. 20) ? S'était comporté mieux (L. 23) ? Claque (L. 25) ? Pavé (L. 27) ? Matraque (L. 28) ?*
b) Grammaire : Trouvez une autre préposition pour « de » (L. 19).
c) Sens : Quels sentiments habitent toute cette strophe ? L'association des mots « pavés » et « coups de matraque » fait allusion à quel événement ?

Troisième strophe : *a) Grammaire : Pourquoi l'auteur passe-t-il au futur ? Remplacez les prépositions « de » (L. 34) « pour » (L. 35) par d'autres prépositions plus précises.*
b) Sens de « ici » et de « tout » ? Quelle est l'origine de la chanson ?
c) Imaginez à votre tour une chanson, une poésie, un texte bâti sur l'imaginaire : un rêve qui n'a pu devenir réalité.

EXERCICE **6** **Les autres conjonctions d'hypothèse**

A) Découvrez les conjonctions manquantes et justifiez votre choix. (Révisez avant le vocabulaire concernant le logement.)

À propos du logement

Au niveau du privé

1. ______________ les loyers seraient libérés, les prix s'envoleraient et nous perdrions par la même occasion un vrai privilège.
2. ______________ mes petits enfants (vouloir) ______________ de l'argent frais ______________ une résidence pour leurs vacances, je vendrai ______________ conserverai notre manoir dans le Limousin.
3. ______________ nous achetions l'appartement que nous occupons, ça voudrait dire des dettes sur le dos pendant des années.
4. ______________ le propriétaire ne me demanderait pas une reprise abusive, je serais prêt à envisager des travaux d'embellissement.
5. ______________ t'aurais envie d'agrandir ton pavillon, faudrait absolument que t'obtiennes un permis de construire.
6. Votre locataire ayant plus de 65 ans, il vous est impossible de récupérer votre studio, ______________ il (venir) ______________ à mourir et ______________ son fils (ne pas vouloir) ______________ récupérer son logement.

Au niveau national

7. « Il faut absolument que le marché du bâtiment reprenne, ______________ notre entreprise va tout droit à la faillite et nous serons obligés de déposer notre bilan. » (Un entrepreneur de construction)
8. ______________ les investisseurs s'intéressent à nouveau au secteur locatif, ce n'est pas demain que l'offre pourra satisfaire la demande.
9. ______________ la Bourse (se mettre) ______________ à clignoter au rouge, ______________ certains boursiers (vouloir) ______________ réemployer leurs gains dans le placement-pierre, l'immobilier (pouvoir) ______________ repartir.
10. ______________ les taux d'intérêt seraient calculés en fonction de l'inflation, les emprunteurs changeraient leur attitude attentiste mais j'en doute.
11. Ce lot de résidences secondaires se vend mal ! ? Vous devez en demander trop cher ! ______________ elles (être situé) ______________ trop loin de la capitale.

B) Achevez le raisonnement par diverses alternatives :

1. Les vendanges s'annoncent prometteuses, nous aurons une cuvée 87 bonne ou exceptionnelle ______________ .
2. De toute façon, nous nous prenons une semaine de vacances en février ______________ .
3. Il se présentera une deuxième fois aux élections présidentielles ______________ .
4. Nous obtiendrons ce que nous voulons ______________ .

SYNTHÈSE SUR LES CONJONCTIONS DE CONDITION ET D'HYPOTHÈSE

EXERCICE 7

Dans ce dialogue entre un inspecteur de police et son adjoint, introduisez les conjonctions manquantes en choisissant dans la liste ci-dessous.

- **À moins que... (ne)...**
- **Dans le cas où**
- **Autrement**
- **En supposant même que**
- **Dans l'hypothèse où**
- **Des fois que**
- **Et... si...**
- **Faute de quoi**
- **Pour autant que**
- **Que... ou que...**
- **Soit que... soit que...**
- **Sinon**
- **Sous la condition que**
- **Sous réserve que**
- **Suivant que... ou non... ou non**
- **(Une) supposition que**

Attention ! Le registre de langue de l'adjoint est nettement plus familier que celui de l'inspecteur : tenez-en compte dans le choix de vos conjonctions.

Mystère autour d'un cadavre

L'Adjoint : Le moins qu'on puisse dire pour l'instant, c'est que les indices sont minces ; ______ on serait pas là à se creuser la tête !

L'Inspecteur : De toute façon, ______ il ait été assassiné ou ______ il se soit suicidé, nous en sommes réduits à des suppositions.

A : Je vous le fais pas dire ! ______ il ait été assassiné, comment se fait-il que le médecin légiste n'ait relevé aucune trace de violence ?

I : ______ il ait bien fait son travail !

A : Chef, et si c'était un accident ? ______ le coup serait parti tout seul !

I : Impossible, voyons ! Mais, ce qui m'intrigue, c'est que, ______ nous aurions à faire à un meurtre, à qui aurait-il pu profiter ?

A : Au suspect ! Je sais, faudrait vite trouver des preuves, ______, on va être obligé de le relâcher.

I : Des preuves ? Avec un revolver qu'on peut se procurer chez n'importe quel armurier ? ______ l'expertise balistique ______ révèle une anomalie sur la balle.

A : Rêvons pas ! Pourtant, ______ ce soit un suicide, comment voulez-vous qu'il se soit tiré deux balles dans la tête ?

I : Le mieux, c'est d'attendre le résultat de l'expertise : ______ elle établira que l'arme portait des empreintes ______, on reviendra à la solution de départ, le meurtre.

A : ______ nous, chef, ______ on allait réfléchir autour d'une bière bien fraîche ?

Entraînement à l'écrit

Imaginez un scénario-fiction à l'image du texte de sensibilisation p. 7 ;
ou composez les paroles d'une chanson comme celle de Le Forestier p. 12 ;
ou encore analysez un événement historique à la manière de l'exercice 3 p. 11

EXERCICE **8**

Autres moyens d'expression de la condition et de l'hypothèse

A) Transformez les phrases suivantes à l'aide de l'un des autres moyens d'expression de la condition et de l'hypothèse.

B) Justifiez le choix de l'expression et donnez le registre de langue correspondant.

C) Trouvez des phrases en respectant le registre de langue et en choisissant le procédé le mieux adapté à la situation.

Exemple : **Si vous travaillez davantage** votre accent, vous arriverez à vous exprimer très convenablement.
(un professeur à un étudiant)
En travaillant davantage...
— Choix du **gérondif** car la condition est ici liée à la manière (**L.E. et L.P.**).

1. « Si tu racontes à ton patron qu'on te propose mieux ailleurs, sûr qu'il t'augmentera ; il peut pas se passer de toi ! » (un ouvrier)

2. « Si l'avocat avait mieux organisé sa défense, il aurait sans doute convaincu les jurés. » (un ami de l'accusé)

3. « Si vous prenez un seul comprimé, vous sentirez la douleur passer. » (un médecin)

4. « Si vous supprimez aux télespectateurs français le film sacro-saint du dimanche soir, vous verrez le tollé ! » (un responsable des programmes de chaîne à la T.V.)

5. « Si tu prenais le métro, au moins tu serais sûr d'être à l'heure. » (à un ami en retard)

6. « Si le rayon laser avait existé cent ans plus tôt, Jules Verne l'aurait sûrement exploité dans ses romans. » (conférence sur Jules Verne)

7. « S'il avait montré un peu plus de persévérance, il aurait certainement fini par la séduire. » (conversation à propos d'un ami commun) (ou lettre)

8. « Si cette entreprise avait été prise en main par un homme à poigne, elle n'aurait pas fait faillite. » (discussion entre deux hommes d'affaires)

9. « Si ce coureur avait réalisé un centième de mieux, il battait le record du monde. » (Journal sportif télévisé)

10. « Si vous en avez assez de la grisaille parisienne, n'hésitez pas : choisissez notre club de vacances. » (publicité d'une agence de voyages)

11. « Si tu t'attaques à la grammaire allemande, tu verras qu'elle est encore plus difficile que la française. » (un professeur de français à un étudiant)

12. « Si vous étiez allé 3 kilomètres plus loin, vous auriez trouvé un garage. » (un garagiste à un automobiliste)

13. « Si elle commence par se calmer, j'irai l'interroger ensuite. » (un inspecteur de police)

14. « Évite de rouler trop vite sur ces routes serpentées. Si jamais un poids lourd surgissait dans un virage, ce serait l'accident. » (lettre)

15. « C'est vrai, quoi ! S'il s'était présenté aux prochaines élections, il aurait sûrement eu ses chances. » (conversation au cours d'un cocktail)

EXERCICE **9**

Les noms

A) Complétez le texte qui vous est proposé de manière à bien différencier les nuances de sens et d'emploi des termes suivants :

- Conjecture
- Hypothèse
- Invraisemblance
- Présomption
- Probabilité
- Soupçon
- Supposition
- Suspicion

Lors du procès qui a suivi la mort de l'industriel, le procureur général a rejeté ________ du suicide pour ne retenir que celle du meurtre, qui lui a paru plus plausible. Ainsi le verdict risque-t-il d'être davantage fondé sur des ________ que sur des certitudes et cela en raison des ________ qui subsistent dans cette affaire. En effet, les circonstances de la mort de la victime restent si mystérieuses, les indices si minces que les enquêteurs en ont été réduits à des ________ et se sont perdus en ________ . C'est pourquoi le suspect arrêté peu de temps après le décès de l'industriel ne pouvait être l'objet que de simples ________ en dépit des ________ qui avaient d'abord pesé sur lui. Quoi qu'il en soit, cette atmosphère de ________ n'a pas influencé les jurés qui ont rendu un jugement de non-lieu.

B) Complétez les phrases suivantes à l'aide d'un nom appartenant au lexique de l'hypothèse et de la supposition.

1. Depuis des mois, de lourds ________ pesaient sur ce banquier quant à sa complicité dans le hold-up de son établissement ; l'enquête a enfin abouti à son arrestation et à son inculpation. (Faits divers - presse)
2. Les résultats des élections auront finalement déjoué tous les ________ . Quel est votre commentaire à ce sujet ? (Interview d'un homme politique)
3. J'ai relevé dans sa version des faits un certain nombre d' ________ qui me font penser qu'il ment. (Réflexion d'un inspecteur de police)
4. (Les gendarmes ont retrouvé une voiture et son conducteur mort dans un ravin.)
   « Ce n'est qu'une simple ________ . Mais si le conducteur s'était tout bêtement endormi au volant ! »
5. Malgré des ________ pessimistes en raison d'un été anormalement pluvieux, la récolte de blé de cette année s'annonce bonne. (Informations radio)
6. Dans le droit anglo-saxon, tout citoyen arrêté bénéficie d'une ________ d'innocence jusqu'à ce que preuve ait été faite de sa culpabilité. (Manuel de droit international)
7. Les ________ d'erreur de calcul d'un ordinateur sont proportionnelles à sa puissance. (Manuel d'initiation à l'informatique)
8. « Depuis qu'il était sorti de prison, il sentait dans le regard des voisins, des commerçants une certaine ________ » (Extrait d'un roman policier)
9. Les savants du monde entier se sont perdus en ________ sur les origines des pierres géantes de l'île de Pâques.
10. La faillite était un ________ envisageable pour le directeur de la société, mais il ne voulait y avoir recours qu'en dernier ressort.

EXERCICE 10 — Les verbes

Complétez les phrases suivantes à l'aide d'un verbe incluant l'idée d'hypothèse.

1. À le voir un mois avant sa mort, rien ne pouvait laisser ______________ une issue fatale.
2. Comment avez-vous ______________ que je n'étais pas français ?
3. Peu de gens ______________ de ce que coûte une seule minute de publicité à la télévision.
4. ______________ que, du jour au lendemain, le gouvernement supprime les allocations familiales et vous verrez s'effondrer la courbe des naissances.
5. Cet été il a plu tant et plus sur tout le Bordelais ; cela ______________ mal de la cuvée de cette année.
6. Cet industriel a été longtemps ______________ du meurtre de sa femme mais aucune preuve n'a jamais pu être retenue contre lui.
7. Je ______________ que nous allons encore avoir les plus grandes difficultés à le convaincre.
8. Je ______________ que pour porter de telles accusations, vous avez des preuves.
9. Jamais je ne l'aurais ______________ de faire partie d'une société secrète.
10. En 1981, bien malin qui aurait pu ______________ une victoire de la gauche.
11. L'inspecteur des impôts dit en examinant une déclaration :

    « Je ______________ une fraude sur le calcul des revenus fonciers. »
12. Quelle que soit la forme du cancer, les médecins ont toujours beaucoup de difficultés à ______________ les chances de rémission.
13. Personne dans la France de 1788 ne pouvait ______________ la Révolution qui devait éclater un an plus tard.
14. Rien ne laissait ______________ un tel succès à ce roman qui avait été tiré à un petit nombre d'exemplaires.
15. C'est un vieux renard ; il a l'art de ______________ les bonnes affaires !

EXERCICE 11 — Les adjectifs

Retrouvez l'adjectif correspondant à la définition en gras et transformez la phrase en conséquence.

1. Au siècle où nous vivons, à moins d'être un artiste consacré, la profession de peintre **dépend souvent de la chance.**
2. Personnellement, je trouve que son interprétation des signes énigmatiques, laissés par les Aztèques sur ce haut plateau des Andes, **peut être envisagée comme vraie.**
3. Seriez-vous disposé à quitter Paris pour une promotion professionnelle **si cela devait se présenter** ?
4. Bien qu'**il ait de grandes chances** d'échouer la première année, il a décidé de se présenter quand même au concours d'entrée de l'ENA[1]
5. « Messieurs les jurés, qui parmi vous croira à une version du meurtre **qui semble aussi peu conforme à la vérité** ? Je vous le demande.
6. **Personne n'imaginait** dans les années 60 que l'avortement serait un jour légalisé.
7. L'installation prochaine de l'énergie solaire dans chaque foyer **n'est pas encore sûre.**

1. École Nationale d'Administration.

EXERCICE **12** **Entraînement à l'écrit**
Dictée

Les images dans le monde d'aujourd'hui

On ne pourrait plus concevoir, aujourd'hui, un monde dont les photos ne feraient pas voir l'image. Car les images, dans leurs mille et une formes, celles des livres, des journaux, des magazines, de la télévision, s'étalent à chaque instant sous nos yeux et laissent prévoir un nouveau langage. Bien des soi-disant lecteurs ne lisent plus guère : pour beaucoup, il est probable que ce serait une besogne fatigante, une gageure que de résumer une page ; si tant est qu'ils l'aient parcourue.

Mais peut-on, en l'occurrence, parler de culture de l'image ? Peut-être, pour autant que l'on considère qu'à l'heure actuelle, une forte proportion de ce qui s'imprime ou se transmet par tous les « médias » est constituée par des images. Peut-être encore, dans la mesure où l'on tient compte de l'engouement généralisé pour la photo. En tout cas, savoir interpréter une image ou une photo, savoir comprendre ce qui y est inclus, suppose un pouvoir de réflexion, d'analyse, de synthèse et d'habileté psychologique dont peu de gens se trouvent vraiment capables.

Quoi qu'il en soit, nul doute que l'irruption de la photo et le flux continuel de l'image ne laissent présager un monde où nos habitudes de pensée, d'information et de culture devront sûrement s'accommoder à cette révolution culturelle.

d'après Claude Boumal (**Le Travail**, 1972)

Question
Relevez les différents moyens d'expression de la condition et de l'hypothèse employés dans ce passage.

Lecture
Le Défi mondial *de Jean-Jacques Servan-Schreiber.* *(Laffont, 1980)*

Rédaction
Informatique et société. Pensez-vous que l'informatique va modifier les habitudes de communication sociale ?
Imaginez quelques applications dans la vie quotidienne.

EXERCICE **13** **Entraînement à l'oral**
Organisez un débat en classe sur le thème :
Qu'est-ce qui changerait si les jeunes prenaient le pouvoir ?

Distinguez bien conditions et hypothèses !

Exemple : *Jean* — Tu rêves d'un président de la République qui aurait 20 ans ? Eh bien, présente-toi !...
Jacques — Pour ça, il faudrait ramener le droit de vote à 16 ans... Les jeunes de 16 ans pourraient voter sûr qu'ils se sentiraient plus motivés !
Marie — Oui, mais à condition de faire d'abord leur éducation civique.
Denise — Avec nous, il n'y aurait plus de ségrégation sexiste dans les entreprises.

COMPARAISON

SENSIBILISATION

EXERCICE **1**

Question

Recensez dans ce texte les différentes manières dont est exprimée la comparaison (syntaxe, lexique et autres procédés).

Conseil

Lisez ce texte en vous aidant d'une carte de France.

En passant par la France...

On a souvent dit que la France se décomposait en autant de régions qu'il y a de paysages. C'est à peine exagéré. En effet, quels rapports y a-t-il entre les étendues sablonneuses des Landes, les plaines monotones de la Beauce, les sommets neigeux des Alpes et les falaises du Pas-de-Calais ? À vrai dire, aucun !

Prenons quelques échantillons : ainsi l'Île-de-France se présente comme un vaste plateau — la Beauce est surnommée « le grenier à blé de la France ». En Bourgogne, en revanche, tout est arrondi : paysages de même que visages : c'est le pays des bons vivants et de la bonne chère, ayant pour activités essentielles la viticulture (le vin de Bourgogne ne le cède en rien à celui de Bordeaux) et l'élevage : le Charolais produit l'une des viandes les plus savoureuses du monde — à déconseiller aux appétits d'oiseaux !

Le Massif central, quant à lui, il est un peu comparable à un immense volcan éteint. Si vous passez par le Sud-Ouest, vous serez frappé par la variété des paysages : terrasses caillouteuses, gorges rocailleuses (pareil à l'accent de là-bas), vallées alluviales, coteaux couverts de vignes. Mais si vous apercevez, chemin faisant, des pins et des cyprès sous un ciel chantant — à l'image, lui aussi, de l'accent du pays, alors, aucun doute, vous êtes dans le Midi !

Le littoral offre un type de paysage encore différent : songez que la France dispose de 3 200 km de côtes, qui plus est, très dissemblables les unes des autres ; autant les côtes bretonnes sont déchiquetées, autant les côtes atlantiques sont régulières.

De même, les climats sont très divers : le climat océanique, humide et venteux, prédomine sur tout l'Ouest de la France. Plus vous vous dirigez vers l'intérieur, plus le climat devient continental c'est-à-dire que les hivers sont aussi froids et secs que les étés sont chauds et orageux. Mais si vous passez vos vacances dans le Midi, vous verrez que les étés y sont plus secs que dans le reste du pays mais aussi l'accueil plus chaleureux !

Voilà un bien bref tour de France. Et si, un jour, vous partiez vous-même à sa découverte ?

EXERCICE **2** *Transformez les phrases suivantes de façon à introduire:* **COMME, COMME SI, COMME POUR, COMME QUAND, COMME** + *Conditionnel;* **COMME** + *adjectif,* **COMME** + *participe passé.*

1. « Avouez qu'on ne dirait jamais que ce livre a été restauré, il a l'air neuf ! »

2. Lorsque je suis arrivé vers dix heures du soir, le village était désert ; on aurait dit que ses habitants l'avaient abandonné.

3. Puis elle s'est jetée à la nage et alors l'eau du lac a été cassée en mille morceaux ; on obtient le même effet en donnant un coup de poing dans une vitre.

4. Il arriva dans le salon du club, ne salua personne, s'installa dans un fauteuil, ouvrit un journal ; à croire qu'il était aveugle et sourd.

5. Il se mit à courir à toutes jambes ; on aurait dit qu'il cherchait à fuir un danger.

6. Le froid intense avait fait que ses jambes étaient engourdies ; c'est ce qui arrive en restant trop longtemps immobile.

7. Lucien observa longuement du coin de l'œil la nouvelle pensionnaire : on aurait dit un aigle guettant sa proie.

8. En entendant ces commérages, le père eut une expression de parfait mépris et fit un geste semblable à celui qui veut chasser une mouche.

9. Le pianiste n'avait pas encore effleuré le clavier que ses doigts semblèrent paralysés par le trac.

10. Une fois sur la route, d'instinct, elle ôta ses sandales. Cherchait-elle à renouer avec les forces élémentaires de sa terre natale ?

11. Il s'était mis dans une de ces colères noires qui paralysaient son entourage : comment ! On avait osé toucher à ses boîtes de papillons ! Un sacrilège n'eût pas été pire ! (L. Lit.)

EXERCICE **3**

TANT QUE ou AUTANT QUE et leurs variantes.

A) Trouvez la forme grammaticale exacte dans les phrases suivantes.

B) Justifiez-la.

1. Il s'est entraîné pour le championnat ______________ il l'a pu durant ces derniers mois.

2. ______________ , enfant, il paraissait chétif, ______________ aujourd'hui, il est impressionnant de stature.

3. « Si tes parents t'offrent ce voyage fabuleux, n'hésite pas ! Tu connais le proverbe : il faut battre le fer ______________ il est chaud. »

4. « Nous n'avions jamais vu ______________ spectateurs pour un simple quart de finale (!). »

5. La publicité que vous ferez autour de ce jeu pour enfants sera ______________ efficace ______________ elle passera plus souvent à la télévision au tout début décembre.

6. « Au jeu d'échecs, ______________ tu ne sauras pas te concentrer, tu ne parviendras pas à vaincre tes adversaires. »

7. « Oh là là ! Ce matin, j'ai ______________ envie d'aller travailler ______________ aller me jeter dans la Seine. »

8. Nous avons ______________ travaillé ______________ les enfants avaient accepté d'être plus silencieux.

9. Elle avait une voix extraordinaire qui lui valait sa réputation ______________ les étranges ballades de son pays qu'elle introduisait toujours dans ses concerts.

10. Il n'aimait rien ______________ ignorer ce qu'il ferait le lendemain, au moment d'aller se coucher.

11. Il a eu ______________ mérites à gagner que son adversaire s'était peu entraîné puisqu'il relevait de maladie.

12. « Allez, ne faites pas ______________ façons et reprenez donc de ce fameux civet de lièvre qui vous fait ______________ envie ! »

13. ______________ pour nos grands-parents, savoir vivre c'était savoir jouir du temps qui passait, ______________ pour nos générations, ce serait plutôt vivre le plus possible dans le présent.

14. Elle voulait rattraper son chat, mais chaque fois qu'elle faisait deux pas, il reculait ______________

15. Il envoya une réponse brève mais précise ______________ faire se pouvait.

16. Il était tellement furieux qu'il nous a envoyés au diable tous ______________ nous étions.

17. « ______________ vous le dire tout de suite : je n'ai jamais travaillé dans une banque ; mais le poste que vous proposez m'intéresse au plus haut point ! »

EXERCICE **4**

Variations autour de TEL.

A) Trouvez sa forme grammaticale exacte dans les phrases suivantes.

B) Justifiez-la et donnez la signification précise.

Exemple : Cet homme est un goujat et je le traite **comme tel**.
Tel remplace « goujat » = comme cela - comme il est.

1. Lors de la réception, ______________ un voleur, il a filé à l'anglaise.
2. À cette même époque, Stéphanie est arrivée ______________ tout le monde l'espérait, superbe !
3. Dorian Gray demeurait un mystère aux yeux de la société : ______________ son visage était apparu il y a dix ans, ______________ il restait aujourd'hui.
4. Certaines stars, ______________ Gina Lollobrigida ou Brigitte Bardot, ont dû, à un moment de leur vie, se reconvertir dans la photographie ou la protection des animaux.
5. Quoi ! Il a osé te révéler un secret d'une ______________ importance !
6. Une vendeuse : Pour cette boîte de chocolats, je vous fais un paquet-cadeau, Monsieur ?
   Le client : Non, non merci ! Laissez-la ______________ , je vais en manger un ou deux tout de suite !
7. Cet écrivain avait déjà une réputation de grand misogyne ! Mais, depuis que j'ai eu l'occasion de l'entendre parler des femmes, je le tiens ______________ .
8. Par expérience, il avait appris qu'en ______________ lieux et avec ______________ gens, même un nuage fugitif dans le ciel attirait un œil à la vitre comme à l'oculaire d'une longue-vue.
9. Cet homme est un réfugié politique et, ______________ , il a obtenu le droit d'asile.
10. Après la sécheresse, vint le temps des orages et des tornades. Les habitants restaient perplexes devant les humeurs d'un climat qui n'avait jamais atteint ______________ paroxysmes.
11. À la fin de la course, ______________ qui vient de traverser le désert, il se précipita sur la première bouteille d'eau et la but d'un trait.
12. Rien de ______________ un bon café, bien serré, pour partir d'un bon pied, le matin, au travail !

EXERCICE **5**

À partir d'un sondage effectué par « Les Cahiers du Cinéma » et « Le Monde » en 1986, faites des rapprochements entre les résultats mais respectez les consignes en regard des tableaux. Le choix des conjonctions dépend des différences dans les pourcentages.

Exemple : 2-8 = Le pourcentage de Français qui aiment lire est **nettement plus élevé** que le pourcentage de ceux qui vont au musée.

Les Français, leurs distractions et le cinéma.

1	Regarder la télévision	33 %
2	Lire	16 %
3	Aller au cinéma	12 %
4	Le sport	11 %
5	Écouter de la musique chez soi	8 %
6	Sortir au restaurant, en boîte, etc.	7 %
7	Aller au concert ou au théâtre	4 %
8	Les expositions, les musées	2 %
	Sans opinion	7 %
	Total	100 %

Les distractions préférées des Français :

A) Comparez :
3 et 7 - 1 et 8
3 et 4 - 8 et 7
4 et 5
en favorisant les conjonctions exprimant **l'inégalité** *ou* **la différence** *ou* **l'opposition.**

Résultats par tranche d'âge	Distraction préférée			
	Cinéma	Sport	T.V.	Lecture
18/24 ans	29 %	22 %	5 %	
25/34	14 %	16 %	15 %	17 %
35/49			29 %	
50/64			44 %	
+ 65			67 %	

B) À l'aide du chapitre consacré aux ***variations****, efforcez-vous d'utiliser toutes les formes.*

Puis construisez des phrases avec les ***expressions*** *contenant* ***tant que.***

Résultats par catégorie socioprofessionnelle	Cinéma distraction préférée
1 Cadres supérieurs et Professions libérales	23 %
2 Artisans et Chefs d'entreprises	21 %
3 Employés et ouvriers	14 %

C) Combinez ***égalité*** *et* ***supériorité*** *ou* ***égalité*** *et* ***infériorité*** *en comparant 1 et 2 à 3 puis 3 à 1 et 2.*

Régions	Fréquentation
Paris/Ile de France	17 %
Province	11 %

D) Utilisez des ***comparatifs irréguliers*** *ou* ***variation inverse.***

Préférence politique	Cinéphile
Pour la droite	8 %
Pour la gauche	12 %

E) Créez deux phrases, l'une contenant un ***comparatif d'infériorité****; l'autre* ***comme si****.*

Les genres de films	
Films d'aventures	29 %
Films policiers ou d'espionnage	23 %
Films romanesques	21 %
Films comiques	19 %
Westerns	6 %
Films historiques	5 %
Films de science-fiction	5 %
Films à sujets politiques	3 %
Films d'horreur	3 %
Comédies musicales	2 %
Autres	5 %
Sans opinion	5 %

(Les films de karaté et les films érotiques obtiennent des pourcentages largement inférieurs à 1 %.)
Le total des pourcentages est supérieur à 100, les personnes interrogées ayant pu citer plusieurs réponses.

F) Comparez les résultats de ce tableau, en choisissant si possible les ***conjonctions non encore utilisées.***

Genres	Femmes	Hommes	18/24	Gauche	Droite
Aventures	25 %	34 %	43 %		
Policiers/Esp.	15 %	32 %	18 %		
Romanesques	27 %	13 %	8 %		
Politiques			(démodé)	7 %	3 %

G) Commentez les chiffres ci-contre en un paragraphe comprenant une grande diversité de conjonctions de comparaison.

EXERCICE **6** *Soulignez les termes de comparaison dans les phrases suivantes, puis transformez ces dernières de façon à introduire une préposition à valeur comparative.*

Exemple : Parce qu'il a échappé à plusieurs accidents graves, **il pense qu'il est un as du volant.**
= il se prenait / il se considérait { pour / comme } un as du volant.

1. Bien qu'il eût vingt ans de moins que lui, il l'aimait de la même manière qu'un frère.
2. Il resta un bon bout de temps chez l'antiquaire à examiner cette commode, comme quelqu'un qui s'y connaît.
3. Pour parvenir à photographier certaines stars en vacances, les journalistes doivent parfois utiliser des ruses pareilles à celles des Sioux.
4. De même que les jeunes télespectateurs suisses, les jeunes télespectateurs français ne croient guère aux vertus culturelles du petit écran. (Sondage)
5. Alors que Londres bénéficie de nombreux espaces verts, Paris en a peu.
6. La période d'apprentissage de la lecture varie entre 5 et 8 ans ; cela dépend du développement propre à chaque enfant.
7. Le corps encore engourdi par le sommeil, elle avait au matin des étirements interminables pareils à ceux d'un félin qui s'éveille.
8. La décision du ministère des Postes et Télécommunications de placer sous surveillance certaines petites annonces personnelles par Minitel*, a été ressentie de la même manière qu'une atteinte à la liberté d'expression. (Le Monde)
9. Le matin, au saut du lit, il avait les cheveux hérissés sur le sommet du crâne ; on aurait dit une crête de coq.
10. Parce qu'il avait le don de soulager les rhumatismes avec ses mains, le pharmacien du village avait une réputation de guérisseur.
11. « Débrouillard comme pas un, le Freddy ! Quand c'est qu'il pleuvait, à la place de l'imper, il s'enfilait carrément une bon dieu de combinaison en plastique de sa fabrication. » (F. pop.)
12. C'est quelqu'un qui n'a pas les pieds sur terre : il confond ses rêves, ses désirs avec les réalités.
13. « Pauvre Nanard ! Il y est bien allé faire la commission qu'on lui avait dit mais, comme au retour il lui manquait des sous, alors il a été récompensé par une taloche** ! » (F. pop.)
14. Sa colère intérieure se manifestait au travers de ses yeux d'un bleu très pâle qui évoquait la dureté propre à l'acier.
15. « Si on se réfère à nos estimations, à Paris, le secteur public possèderait près d'un quart des bâtiments et règnerait tel un souverain sur les trois quarts des espaces libres. »

* Terminal d'ordinateur téléphonique.
** Gifle.

EXERCICE **7** *A) Voici quelques débuts d'analogie d'auteurs que vous compléterez en respectant le style de chacun.*

Exemple: « Le prix de l'homme, c'est **ce qu'il est, non ce qu'il a. C'est sa liberté non sa rentabilité**. »
R.Etchegaray.

Analogies d'auteurs

1. « Demandez à quelqu'un de fermer les yeux et de dire spontanément ce qu'évoque pour lui le mot « marche ». Le plus souvent, il répondra : ______________ »
Jacques Lacarrière - Chemin faisant.
2. « L'obscurité où je suis encore plongé rend plus pénible mon réveil, et le laisse aussi incertain. J'ai l'impression que ______________ »
Alain Robbe-Grillet - Djinn.
3. « Affronter l'imprévu quotidien des rencontres, c'est ______________ »
Jacques Lacarrière.
4. « Les narcisses en avril sur les pentes suisses ne sont qu' ______________ »
Colette - L'Étoile vespérale.
5. « À contre-jour, au pied d'un arbre immense, une femme lit. Ainsi découpée contre la lumière de la prairie, avec la tache blanche de sa robe, elle évoque ______________ »
Jacques Lacarrière.
6. « Et voici que, sortis on ne sait d'où, il y eut en même temps dans l'arène quarante matadors qui faisaient tous la même passe stéréotypée, dans la même pose plastique, pareils à ______________ »
Henri de Montherlant - Le Chaos et la Nuit.
7. « Papa pouvait rester de longs mois sans colère, tels ces ______________ »
Georges Duhamel.
8. « Les animaux qu'il avait empaillés étaient féroces. Semblable au ______________ , il s'était efforcé de transmettre sa rancœur et son amertume d'infirme jusque dans la pelisse d'un chat.
Violette Leduc - La Bâtarde.

B) À l'intérieur de chacun des thèmes proposés ci-dessous, choisissez l'un des termes pour établir des analogies. Aidez-vous des outils que vous trouverez dans les autres moyens en vous efforçant d'alterner langage écrit et langage parlé.

Analogies personnelles

1. Le cosmos : la lune, l'eau, le soleil.

____

____

2. Le corps : le regard, la main, la démarche.

____

____

3. La voix : les Beatles, la Callas, Édith Piaf.

____

____

EXERCICE **8**

Conjonctions, prépositions et autres moyens.

A) Cette lithographie d'Odilon REDON (1840-1916), intitulée « Germination », contient tout un symbolisme. À la manière d'un critique d'art, faites-en d'abord la **description** *puis donnez libre cours à votre imagination pour une* **interprétation personnelle.**
Servez-vous des différents procédés que vous connaissez pour exprimer la comparaison.

In « The graphic works of Odilon Redon »
Collections of graphic art in Dover books
180 Verick Street, Dover publications, inc., New York.

B) Essayez de vous souvenir d'un rêve qui vous a marqué. Faites des rapprochements entre ce rêve et vos soucis ou désirs inconscients du moment. Vous essaierez, en particulier, de mettre en relief ce qui peut avoir valeur de symbole.

C) Analysez ce poème d'ARAGON.

« Le paysan de PARIS »

Afin d'y retrouver la photo de mes songes
Si je frotte mes yeux que le passé bleuit
Ainsi que je faisais à l'école à Neuilly
Un printemps y fleurit encore et se prolonge
Et ses spectres dansants ont moins que moi vieilli

Un roi de bronze noir à cheval le surmonte
Et l'île qu'il franchit a double floraison
Pour verdure un jardin pour roses des maisons
On dirait un bateau sur son ancre de fonte
Que font trembler les voitures de livraison

L'aorte du Pont-Neuf frémit comme un orchestre
Où j'entends préluder le vin de mes vingt ans
Il souffle un vent ici qui vient des temps d'antan
Mourir dans les cheveux de la statue équestre
La ville comme un cœur s'y ouvre à deux battants

C'est Paris ce théâtre d'ombres que je porte
Mon Paris qu'on ne peut tout à fait m'avoir pris
Pas plus qu'on ne peut prendre à des livres leur cri
Que n'aura-t-il fallu pour m'en mettre à la porte
Arrachez-moi le cœur vous y trouverez Paris

Questions

Rétablissez la ponctuation.

Soulignez tout ce qui établit une comparaison et classez les moyens par catégorie.

Expliquez.

Première strophe :
- *Quand le jeune Aragon était à l'école de Neuilly, que lui arrivait-il de faire ?*
- *Pourquoi maintenant se frotte-t-il les yeux ?*
- *Donnez un synonyme de spectre. Qui sont ces spectres dansants pour Aragon ? Et pourquoi dansants ?*

Deuxième strophe :
- *De quel roi, de quel jardin et de quelle île s'agit-il ?*
- *Pourquoi les maisons évoquent-elles des roses ?*
- *Qu'est-ce qui évoque un bateau ?*
- *En employant « voitures de livraison », quel effet vise Aragon ?*

Troisième strophe :
- *Qu'est-ce qu'une aorte ? Expliquez cet emploi métaphorique.*
- *Expliquez les métaphores : « j'entends préluder le vin de mes vingt ans » et « comme un cœur s'y ouvre à deux battants ».*
- *À quoi tient la musicalité du vers 13 ?*

Quatrième strophe :
- *Expliquez l'analogie : « théâtre d'ombres » et la comparaison : « Pas plus ... leur cri ».*
- *Remplacez* **que** *(v. 19) par une expression plus précise.*

D) Écrivez **une poésie** *en forme de cri d'amour pour une ville ou un paysage ou un personnage.*

EXERCICE 9 Les noms

Complétez les phrases suivantes à l'aide d'un nom ayant trait à la comparaison.

1. En raison du licenciement d'un des leurs ______________ , les postiers ont décidé un arrêt de travail.
2. « Comparé à ce qu'il fut tout au long de son histoire, le français connaît une expansion sans ______________ » Nouvel Observateur, 1986.
3. « Ce livre n'est pas à vendre, ce n'est qu'un ______________ de démonstration. »
4. Bien des poètes ont vu dans le fleuve ou la rivière qui coule, une ______________ avec le temps qui passe.
5. Dans les « Carnets du major Thompson » (1954), satire des mœurs françaises, l'auteur, Pierre Daninos, a cherché à se moquer de ses ______________ .
6. Jean-Paul Sartre et Simone de Beauvoir partageaient beaucoup d'idées communes et en raison de leurs ______________ formèrent un couple très uni.
7. Le Parthénon d'Athènes est considéré comme ______________ de l'architecture classique.
8. En raison d'une même coordination des gestes, l'homme a toujours reconnu dans le singe, l'un de ses ______________ .
9. « Le ______________ du nouvel avion à propulsion nucléaire a été présenté hier au Président de la République. »
10. Ce journaliste a intenté un procès à l'un de ses ______________ pour avoir écrit contre lui un article diffamatoire. (Qui portait atteinte à sa réputation.)

EXERCICE 10 Les adjectifs

A) Complétez les phrases suivantes à l'aide d'un adjectif incluant l'idée de comparaison.

1. Paysans alsaciens et bourguignons partagent ______________ amour de la vigne.
2. La structure géologique du Bassin Parisien est très ______________ , elle est composée aussi bien d'argile que de calcaire ou de limon.
3. « Il existe actuellement sur le marché ______________ types de systèmes d'alarme, c'est dire que dans ce domaine rien n'a encore été normalisé. »
4. Ces deux croisières que nous vous proposons ont chacune leur intérêt selon toutefois deux formules bien ______________ .
5. On peut difficilement comparer Rome et Paris : chacune a son charme ______________ .
6. Au sein de la Communauté Économique Européenne, la France et l'Allemagne jouent un rôle ______________.
7. Les professeurs de français langue étrangère préfèrent toujours être en présence d'une classe dont les éléments sont ______________ et d'origines ______________ .
8. Le mobilier de ce salon est très ______________ : fauteuils Louis XV, table Restauration, commode Belle-Époque...
9. En un an, ce commerçant a été cambriolé onze fois ! ______________ série noire reste heureusement très exceptionnelle !
10. « Forcément, son père est professeur ! Alors, le petit, comment voulez-vous qu'il ne marche pas bien à l'école avec un père ______________ ! »

11. « Tenez, nous vous proposons toute une gamme de papiers peints dans les coloris les plus ______ et à des prix défiant toute concurrence ! »

12. La France est un des pays d'Europe Occidentale où les revenus sont les plus ______ à l'intérieur d'une même catégorie socio-professionnelle.

B) Complétez les phrases suivantes en commençant par **« un tel... » suivi du nom** *qui vous semblera résumer le mieux l'idée contenue dans la phrase précédente.*

Exemple : Malgré les preuves écrasantes qui pesaient sur lui, il nia, se débattit. **Une telle attitude/stratégie** indisposa les jurés.

1. Depuis plusieurs mois déjà, les relations étaient tendues entre les deux pays. ______ n'était plus viable : depuis hier, ils ont décidé de rappeler leurs diplomates respectifs.
2. À sa descente d'avion, le Président était attendu par le Chef de l'État entouré de tous les membres du gouvernement ; tout au long du parcours emprunté par le cortège présidentiel, une foule enthousiaste est venue acclamer le visiteur. ______ augure bien du séjour du Président dans ce pays.
3. Au cas où une vaste panne d'électricité immobiliserait brusquement l'ensemble du réseau métropolitain, on assisterait certainement à des scènes de panique ; mais ______ est peu probable.
4. L'idée d'une Communauté européenne de Défense fait de plus en plus son chemin ; toutefois ______ nécessitera beaucoup de concessions de part et d'autre.
5. Politiciens et futurologues nous prédisent pour l'an 2000 une société plus juste, débarrassée du chômage et de la violence, une société de rêve, en un mot ! Malheureusement, ______ de l'avenir a de grandes chances de n'être qu'une utopie dangereuse.

EXERCICE **11**

Les verbes

A) Dans chacune des phrases suivantes, retrouvez le verbe exprimant le mieux l'idée de comparaison correspondant à chacune des définitions en gras. Attention ! Certaines prépositions disparaissent ou doivent être modifiées.

Les Français et leur langue

1. *Il suffit de* **faire un rapprochement** entre certains verbes français pour s'apercevoir qu'ils ont la même racine. Exemple : « échoir » et « déchoir » ont pour racine « choir » qui signifie « tomber ».
2. Quel rapport entre un habitant de Marseille et un Breton ? Aucun. Pourtant, les Parisiens ont un peu tendance à **regarder comme semblables** tous les provinciaux !
3. Il est démontré aujourd'hui que la langue française est en pleine expansion dans le monde alors que, pendant longtemps, l'idée contraire **s'est imposée par rapport aux autres langues.**
4. Le dialecte alsacien **a une parenté avec** les langues alémaniques.
5. Certains Français considèrent que c'est **faire comme si l'on était** puriste que d'utiliser le subjonctif imparfait.
6. La langue basque **présente une particularité par rapport au** français en ce qu'elle n'est pas une langue indo-européenne.
7. Pour dire que l'on est d'un caractère souple et conciliant, le français peut utiliser deux expressions : « avoir le caractère mieux fait que la taille » et « être du bois dont on fait les flûtes » ; ces deux expressions **sont équivalentes.**

B) Complétez les phrases suivantes à l'aide d'un verbe marquant selon le cas **l'extension** *ou* **l'augmentation, la contraction** *ou* **la diminution.** *Attention : les prépositions ne sont pas indiquées.*

1. Le T.G.V.* va encore ______________ ses performances puisqu'il va passer de 260 à 300 km/h.
2. Pour l'instant la ligne T.G.V. Atlantique relie Paris à Tours, mais bientôt elle sera ______________ jusqu'à Bordeaux.
3. Grâce à la modernisation des nouveaux trains, les voyageurs y ______________ confort et ______________ sécurité.
4. Le R.E.R.**, qui transporte chaque jour près de 900 000 voyageurs, est obligé de ______________ chaque année face à la demande.
5. Les couloirs de certaines stations de métro, trop étroits, ont dû être ______________ tellement le nombre des voyageurs ______________ .
6. À titre expérimental, certains autobus avaient été ______________ d'un étage mais cette hauteur ne leur permettait pas de circuler sur tous les itinéraires.
7. En revanche, certains autobus ont été ______________ par l'adjonction d'une seconde voiture.
8. À l'opposé, en raison de la fragilité du sous-sol de la butte Montmartre, et afin de ne pas ______________ les voûtes des caves, on a ______________ le format des autobus circulant dans ce quartier. Aux heures d'affluence, les voyageurs n'auront qu'à se ______________ un peu plus !

* Train à grande vitesse.
** Réseau Express Régional : métro de banlieue.

SYNTHÈSE

EXERCICE **12**

Entraînement à l'écrit

Ce texte peut être utilisé comme dictée préparée.

A) Relevez, dans ce texte, tous les éléments qui ont trait à la comparaison (des conjonctions jusqu'au lexique).

B) Après avoir établi une liste des mots pris au sens métaphorique dans le premier paragraphe, dites à quel(s) domaine(s) ils se réfèrent et à quoi tient ce choix.

C) **Rédaction** *où vous utiliserez les moyens les plus variés pour l'expression de la comparaison :*

• *Vous vous êtes certainement trouvé(e) face à un paysage qui a fait surgir en vous images et sentiments. Décrivez vos impressions.*

ou : • *Comment concevez-vous la vie ?*

Un célèbre chirurgien abandonne sa carrière pour partir à la recherche de ses ancêtres, de ses origines : en Bretagne, un village quasiment abandonné où n'habitent plus que onze survivants s'ignorant les uns les autres.

Pierre Jakez HELIAS : « La Colline des solitudes ».

« Au-delà du village, jusqu'au sommet marqué par un chaos de roches noirâtres, il n'y avait plus que des étendues d'herbes sèches et graciles, de folles graminées avec des semblants d'épis sans le moindre grain dedans. Si bien que, du plateau en bas, la colline entière semblait un énorme abcès surgi du sol par l'inflammation rosâtre des digitales pour évacuer son pus mort là-haut tandis que le village, entre les deux, figurait une purulence en travail où perdurait la source du mal et qu'il était donc urgent d'assainir.

Telle était, du moins, l'illusion que procurait au docteur la colline pierreuse, instable et floue dans un air vibrant, quand il rentrait à cheval, aux heures chaudes, de ses randonnées sans but précis et que le bruit de sa chevauchée lui retentissait dans la tête comme quatre fers sonnant sur une enclume. Et il s'étonnait toujours, lui, l'homme de science, d'évoquer de telles images, médicales sans doute, mais dont il ne se serait pas cru capable devant un autre spectacle que celui d'un corps sur une table d'opération...

... À l'endroit le plus escarpé s'élevaient encore les ruines d'une tour ronde dont il ne restait debout qu'une moitié menacée d'écroulement. On aurait dit qu'elle avait été tranchée de haut en bas par le coup d'épée d'un géant furieux. Accolée à la tour, se devinait une façade à quatre fenêtres béantes et sans rien derrière : la forteresse du Royaume à son point culminant. Autour, c'était l'aridité totale à l'exception de quelques traînées de bruyères et d'un réseau clairsemé de maigres herbes sauvages, peignées ou dépeignées par des souffles de vents instables...

Sous ses yeux, s'étendait à l'infini, d'un bout à l'autre de l'horizon, une terre basse, comme écrasée sous le poids d'un ciel vertigineux...C'était une symphonie de tous les verts végétaux, les uns tirant sur le jaune, d'autres sur le violet, les masses d'arbres reconnaissables aux premières touches de rousseurs. On pouvait deviner les rubans pâles de quelques routes empierrées qui s'évanouissaient dans les accidents du bocage pour reparaître plus loin. Sans aucun souci de la ligne droite, elles reliaient entre elles des bourgades signalées seulement par des clochers d'églises au centre d'un petit troupeau de toits désordonnés...

[Le docteur] avait décidé de remettre en train l'ancienne communauté pendant le temps qu'il lui faudrait pour savoir exactement de quoi elle avait été faite et s'il était possible de la promouvoir comme il avait souvent relancé dans l'existence, par son art de chirurgien, des patients promis à une fin prochaine sans ce dernier recours. Là était sa nécessité à lui. ...

... Ce serait difficile, la moindre maladresse pouvait tout compromettre. De toute façon, il n'arriverait pas au bout de sa quête si les onze de la colline se refusaient à rompre leur solitude. Ils étaient sur le point vif de l'opération qu'il avait entreprise, plus délicate que la chirurgie du cerveau. »

EXERCICE **13**

Entraînement à l'oral

Après avoir établi un questionnaire précis sur un thème de votre choix, faites un sondage dans la rue où à la terrasse d'un café en prenant par exemple un échantillon de 20 personnes (10 hommes, 10 femmes). Vous établirez alors un rapport de synthèse en vous servant plus spécialement des conjonctions, des adjectifs et des verbes étudiés dans le dossier.

OPPOSITION-CONCESSION

SENSIBILISATION

EXERCICE **1**

Question : *Sur deux tableaux différents, recensez, dans ce texte, les multiples manières dont sont exprimées l'opposition et la concession (adverbes, prépositions, conjonctions, renforcements, autres moyens, lexique).*

La femme dans la société française

Même si bien des entraves subsistent, la condition de la femme dans la société française a plus évolué en 30 ans qu'au cours de ces cinq derniers siècles.

Tout un courant féministe a contribué à cette lutte au point que les mœurs ont, en 10 ans, dépassé les lois. Si plus de 40 % des actifs en France sont des femmes (83 % d'entre elles n'occupent qu'un emploi à temps partiel), toutefois elles ne représentent que 5,5 % des ingénieurs, techniciens et 8 % des professeurs d'université. En contrepartie, certains secteurs sont dominés par les femmes : Éducation nationale, Sécurité sociale, Magistrature...

En dépit de l'élévation sensible du niveau d'études des filles et nonobstant l'accès aux Grandes Écoles qui leur a été aménagé, il n'en reste pas moins que, à diplôme égal, ne correspondent ni rémunération ni responsabilités égales (ce qui va à l'encontre de l'ordonnance de 1972 sur ce point). Loin d'être égaux, ces salaires peuvent varier de 3 à 31 % pour un même poste, selon les entreprises. Et cela malgré l'ordonnance de 1975 qui interdit toute discrimination à l'embauche. En effet, si d'un point de vue purement législatif, l'exercice du pouvoir est légalement accessible aux femmes, il n'empêche que, dans la réalité des faits, il en va tout autrement. Au risque de faire hausser bien des épaules et aussi invraisemblable que cela puisse paraître, ce n'est qu'à partir de 50 ans que la femme peut enfin se frayer un chemin vers le pouvoir tandis que cette responsabilité incombe aux hommes de 35-40 ans.

Quoi qu'il en soit, les femmes se heurtent encore à une quantité d'obstacles liés à certaines mentalités qualifiées de « sexistes »... À cet égard, on pourra bien créer un Secrétariat à la Condition féminine, rien n'y fera ! Tout en protestant de leur parfaite équité, les patrons, lorsqu'on les interroge, réfutent ces accusations. Ils ont beau dire : faits et chiffres sont là — le salaire féminin représente les 3/4 de celui des hommes et les femmes occupent des postes moins rémunérateurs que l'ensemble des hommes.

Si la femme au travail connaît encore quelques difficultés, la femme mariée, quant à elle, bénéficie à présent et — en principe — des mêmes droits que l'homme : droit de disposer de ses biens, de conserver son nom, de demander le divorce, de maîtriser sa fécondité... Évolution, somme toute, parallèle à l'émergence de l'individu au détriment du collectif, fût-il familial.

Les « nouvelles mères célibataires », qui constituent encore un phénomène marginal, représentent quand même l'un des aspects de ces familles multiformes qui apparaissent dans les pays occidentaux. Ainsi, à Paris, un accouchement sur 5 est-il le fait d'une femme célibataire, veuve ou divorcée.

Quels que soient les progrès accomplis ou encore à accomplir dans la conquête de l'égalité des droits de la femme, aucun texte ne pourra s'opposer à certaines aversions — héritage multiséculaire d'une société profondément patriarcale.

EXERCICE **2**

Prépositions d'opposition

Complétez les paragraphes suivants à l'aide des prépositions d'opposition les plus appropriées et justifiez-les.

La France et l'Europe

Depuis 1957, date à laquelle le Traité de Rome a été ratifié par le Parlement français par 345 voix __________ 236, la France n'a cessé de travailler à la construction de l'Europe __________ un monde en voie de bipolarisation. Bien qu'en 1950, l'idée d'une Communauté européenne de Défense fût proposée par la France, paradoxalement l'Assemblée nationale est allée __________ des vœux des 5 États qui formaient déjà cette communauté : députés gaullistes et communistes y étaient opposés pour des raisons d'indépendance nationale.

Aujourd'hui, la quasi-totalité des familles politiques françaises se sont ralliées bon gré, mal gré, à l'idée européenne, laquelle, __________ diviser comme par le passé, devient plutôt un facteur de rassemblement.

D'une part, l'idée de l'Europe a mûri et, d'autre part, la France a compris qu' __________ vivre repliée sur elle-même, l'essor de son économie dépendait désormais de sa capacité d'échanges avec le monde extérieur — échanges non seulement des biens mais aussi des personnes.

À cet égard, la France occupe sur le plan agricole, __________ ses partenaires européens, une place de tout premier choix. En revanche et __________ autres pays membres, les députés français ne manifestent pas toujours toute la présence souhaitable au sein du Parlement européen de sorte qu'ils prennent le risque de voir certaines résolutions votées __________ leur propre pays.

1989-1992 seront les années du tournant pour l'Europe : abolition des frontières douanières, mise en place de manuels scolaires communautaires, etc. Le processus d'unification de l'Europe est si bien engagé qu'il semble difficile désormais d'aller __________ une évolution aussi nécessaire qu'irréversible.

EXERCICE **3** **Synthèse sur l'opposition.**

A) Dans les phrases suivantes, choisissez le terme qui conviendra le mieux. La nature de ce terme est indiquée entre parenthèses.

B) Justifiez votre choix et tenez compte des mots en gras qui sont des indices.

À propos de la lecture

1. À la fin du XIXe siècle, la France était considérée comme un pays de culture et de progrès __________ **à ce même moment**, le Japon était encore très en retard dans ce domaine. (Conjonction)

2. Actuellement, **20 %** des écoliers français ne savent pas lire et **50 %** des élèves entrant en 6e lisent mal, tout en sachant lire couramment. __________ **95 %** des élèves japonais arrivent à la fin de leurs études secondaires.

3. Le patrimoine familial joue un rôle important : en moyenne, un enfant de cadre supérieur lit mieux qu'un enfant d'**o**uvrier **s**pécialisé. Pour un texte identique, **un fils de médecin** le comprendra dès la 6e, __________ **celui d'un o.s.** devra attendre la 3e. (Conjonction)

4. Surprise : depuis 15 ans, **les filles** battent à plate couture les garçons aux épreuves du bac ; (1) __________ **les garçons** lisent plus vite : (2) __________ une collégienne lira 15 000 mots **en une heure**, son homologue masculin en déchiffrera 16 000. [(1) Adverbe / (2) Conjonction]

5. **Les enseignants et les parents** rêvent pour leurs enfants de romans classiques, de poésies, de textes documentaires, __________ **des collégiens** qui ne parlent que de *B.D. (bandes dessinées)*, de romans d'aventures ou de science-fiction. (Préposition)

6. Les adultes disent que les adolescents n'aiment pas lire (1) __________ 90 % de ceux-ci affirment lire tous les soirs au lit en moyenne 8 heures par semaine et 5 livres par mois **!** Finalement, (2) __________ **toute attente**, les jeunes liraient plus que leurs aînés. [(1) Conjonction / (2) Préposition]

7. D'ailleurs, __________ écouter leurs **parents** ou leurs professeurs, les collégiens se fient plutôt aux **médias.** (Préposition)

8. *Qu'est-ce qu'un bon ou un mauvais lecteur ?*

   __________ un **bon** lecteur qui lit beaucoup plus vite qu'il ne parle, un **mauvais** déchiffre et peut avoir un débit de paroles rapide. (Préposition) — Un passionné, comme J.F. Kennedy, est capable de suivre **trois lignes à la fois**, __________ l'alphabétisé détaille **chaque syllabe**, l'associe à une autre et dépense ainsi toute son énergie. (Conjonction) — Si bien que le texte **lu** est __________ être **compris**. (Préposition) — __________ se plonger dans un **roman**, il préfèrera toujours aller au **cinéma** où il aura droit à une histoire complète en deux heures. (Préposition) — S'informer par la presse ira __________ de ses goûts personnels qui le **porteront** plutôt **vers** la radio ou la télévision. (Préposition)

EXERCICE **4**

Prépositions + nom ou + infinitif — Concession —.

Retrouvez **la phrase d'origine** *en remplaçant la proposition en gras par une préposition et son complément.*

1. Il avait l'œil marron et quelque chose de négroïde dans les traits du visage, **même si la pâleur de son visage était extrême.** (Modiano)
2. Soudain, **malgré les recommandations** du médecin, madame mère quitta la clinique et débarqua du car. (H. Bazin)
3. **Ne tenant aucun compte des usages,** il commença à fumer dès le début du repas. (I. Frain)
4. Il ne savait pourquoi il éprouvait de la sympathie pour ce « Pedro » **bien qu'il ne le connût point.** (Modiano)
5. Frédie, **tout en ayant 18 mois d'aînesse et d'analogues tourments,** n'était ni plus avancé ni plus riche d'audace. Bien au contraire. (H. Bazin)
6. « **Bien que vous ayez de tels yeux,** vous n'avez pas fait carrière dans le cinéma ? C'est incroyable ! » (interview)
7. Je me sentis gagné par le découragement car, **ayant fait des efforts, ayant fait preuve de mes qualités et de toute ma volonté,** je me heurtais tout de même à un obstacle insurmontable. (Modiano)
8. Sur les salaires, le Premier ministre ne cèdera pas — **même s'il doit démissionner.** (Nouvel Observateur)
9. **Bien qu'elle se soit mise à l'heure** de la télématique de masse, la France n'en demeure pas moins un pays où la communication reste en circuit fermé pour ne pas dire initiatique. (L'Événement)
10. Je reconnus la route. **Quoiqu'il n'y eût plus de neige,** elle ressemblait encore à celle de jadis. (Modiano)
11. Au terme de 3 semaines de conflits et, **bien que l'image de marque de la S.N.C.F. puisse être sérieusement détériorée,** les cheminots ont voté la reconduction de la grève. (Le Figaro)
12. **Quoiqu'il se dise chef de file de l'opposition,** il s'est montré plutôt indulgent, voire évasif, dans ses critiques à l'égard du gouvernement. (Le Matin de Paris)

CONJONCTIONS

EXERCICE **5**

Transformez les phrases suivantes de façon à introduire **SANS QUE.**

1. Bon nombre de résolutions prises par le Parlement européen le sont en l'absence des députés français.
2. Le juge d'instruction a décidé de faire écrouer le délinquant ; selon la défense, les preuves suffisantes n'avaient pas été rassemblées.
3. Il avait travaillé toute la nuit ; pourtant, pas la moindre trace de fatigue sur son visage.
4. « Hier soir, j'ai dîné chez Maxim's ; il ne m'en a pas coûté un sou ! C'était mon entreprise qui payait ! »
5. La maîtresse de maison s'était éclipsée ; aucun des invités ne s'en était rendu compte.
6. La décision de faire payer les chèques a été prise de longue date par les banques ; les associations pour la défense des consommateurs n'ont pas été informées.
7. Les savants ne peuvent encore rien affirmer mais l'hypothèse d'une forme de vie sur Mars est de plus en plus vraisemblable.
8. Aucune défaillance apparente de l'engin n'avait été détectée, pourtant la navette spatiale explosa au sol.

EXERCICE 6

Transformez les phrases suivantes avec **TOUT... QUE + INDICATIF ou + SUBJONCTIF** *selon que la restriction porte sur une réalité ou se trouve liée à un point de vue personnel.*

1. Bien qu'il soit ministre de l'Éducation, il n'a aucune compétence pour remplir ce poste.
2. Même si je trouve que ce conférencier est très éloquent, il a une diction épouvantable.
3. Même si je reconnais que ce roman est original, il me laisse complètement indifférent.
4. Cette méthode d'apprentissage de l'orthographe a beau me paraître dépassée, elle a tout de même fait ses preuves.
5. Bien que cet industriel soit autodidacte, il a quand même réussi à devenir le numéro 1 des patrons français.
6. Même si, à mon avis, cette formule de crédit est avantageuse, elle grève tout de même encore trop notre budget.
7. Bien qu'il soit très utile, le Minitel risque d'augmenter sensiblement le montant de vos factures de téléphone.
8. De nos jours, même si un précepteur est dévoué, il ne peut suffire à l'éducation d'un enfant.

EXERCICE 7

Introduisez tour à tour dans chacune des phrases suivantes **POUR... QUE... / SI... QUE... / AUSSI... + INVERSION du SUJET.**

1. Même si, à mon avis, ces réformes universitaires sont loin d'être parfaites, elles n'en témoignent pas moins d'un effort du gouvernement pour démocratiser l'enseignement.
2. Même si l'élan de solidarité à l'égard des enfants d'Éthiopie a été très généreux, il n'en a pas moins été tapageur.
3. « Même si vous êtes déçu par votre échec à la licence, n'en faites pas un drame. Il existe d'autres filières pour réussir dans la vie ! »
4. « Messieurs, même si les travaux que j'ai l'honneur de vous soumettre sont très modestes, ils représentent toutefois un effort de synthèse sur un sujet peu connu. » (Soutenance de thèse)
5. Même si, selon moi, le Prix Goncourt est très critiquable, il attire toujours autant de lecteurs.

EXERCICE 8

QUI QUE / QUOI QUE / OÙ QUE.

Transformez les phrases ci-dessous en utilisant l'une de ces trois formes. Parfois les deux concordances (L.F. / L.S.) sont possibles.

1. « Vous auriez beau être le Pape, je ne vous ouvrirai pas ! »
2. « Je ne ferai jamais de faux témoignage ! Même pour le meilleur de mes amis, vous entendez ! »
3. Il était prêt à la suivre... même si elle voulait partir pour le bout du monde.
4. Conseil d'une mère à son enfant : « Et surtout, tu ne te laisses aborder par personne dans la rue, même si la personne te paraît très gentille ! »
5. « Avec ton indigestion d'hier soir, j'ai interdit à la cuisinière de te donner à manger ! Quand bien même tu ne lui demanderais qu'un morceau de sucre ! »
6. Il avait trahi sa confiance, alors, s'il était devenu clochard ou s'il était devenu milliardaire, de toute façon elle ne voulait plus entendre parler de lui.
7. Les célébrités, c'est bien connu, n'ont pas de vie privée : même si elles cherchent à rester incognito, même si elles recherchent les endroits les moins fréquentés, elles sont traquées par les photographes.

EXERCICE 9

QUOI QUE / QUOIQUE.

Transformez les phrases suivantes en employant l'une des deux expressions. Ici aussi les deux concordances sont possibles.

1. « Pense ce que tu veux ; moi, je reste sur mes positions ! »
2. L'épreuve était difficile, toutefois il l'a surmontée.
3. « N'insiste pas. Tu auras beau dire, tu auras beau faire, tu as tort ! »
4. Il a beau avoir l'air tolérant, dès qu'il ouvre la bouche, sa vraie nature se révèle.
5. Il est chanceux, pourtant, cette fois, il n'a pas décroché le gros lot.
6. Ele était née sous une mauvaise étoile : même si ce qu'elle entreprenait, avait toute les chances de réussir, elle échouait quand même.
7. « Quelque brillante qu'ait été sa plaidoirie, elle ne m'a absolument pas convaincu ! »
8. « J'ignore quel sera le résultat de notre procès, mais, de toute façon, nous aurons fait de notre mieux ! »
9. « Écoutez, vous m'aviez demandé un service bien délicat, néanmoins, je vous l'avais rendu ! »

EXERCICE 10

QUEL / QUE / QUELQUE... QUE.

- *Transformez les phrases ci-dessous en utilisant l'une de ces deux formes.*
- *Soyez vigilants pour la concordance des temps.*

A) **Avec un nom :**

1. Vous aurez beau chercher de nouvelles solutions, ce problème reste insoluble.
2. Quoiqu'il ait fourni un énorme effort, il n'a pas battu son record.
3. Même si elle avait connu de nombreux échecs, elle restait confiante.

B) **Avec un adjectif :**

1. Cette idée est très ingénieuse, mais inapplicable.
2. Ils étaient extrêmement contrariés, et ils n'ont rien laissé paraître.
3. La soirée a pu vous paraître réussie ; moi, je m'y suis mortellement ennuyé.

C) **Avec être :**

1. Vous aurez beau me vanter tous les avantages de cette situation, je ne me séparerai jamais de ma famille.
2. Malgré le dévouement de cette infirmière, le malade est décédé.
3. Malgré des raisons et des circonstances atténuantes, votre geste est inexcusable.

D) **Synthèse :**

1. Même si vous êtes très riche, vous ne pouvez tout vous permettre.
2. Hiver comme été, même s'il fait moins 10, je pars à la chasse dès le lever du soleil.
3. Il a déployé toute son ingéniosité mais l'affaire demeure au bord de la faillite.
4. Les risques étaient immenses, il tenta tout de même cette descente des rapides.
5. Les critiques ont été très dures et pourtant le roman a reçu un accueil délirant du public.
6. Même si cette œuvre avait de la valeur et de l'intérêt, elle n'a rencontré aucun succès.
7. De toute façon, le Directeur n'était pas prêt à accepter le motif de cet employé. Même s'il avait été très valable.

EXERCICE **11**

AVOIR BEAU / POUVOIR.

- *Transformez les phrases suivantes à l'aide des tournures ci-dessous, tout en respectant le temps de la principale.*
- *En fonction de la nuance de sens, que vous indiquerez, plusieurs réponses sont possibles.*

1. Nous lui répétions sans cesse qu'il ne courait aucun danger, il montrait cependant une grande nervosité.
2. « J'ai essayé de retrouver mon chien, j'ai cherché dans tout le quartier, peine perdue ! »
3. Ils sonnèrent tant et plus, mais personne ne les entendit tellement les invités faisaient de tapage.
4. Je n'arrivais plus à dormir bien qu'il n'y eût plus de houle.
5. « Bien que tu aies rusé avec la clé, le déclic de la serrure m'a réveillée ! »
6. « Allez vous plaindre à l'administration ! Moi, je me décharge de toute responsabilité ! »
7. « Même si vous changez certaines pièces, d'ici peu vous serez obligé d'acheter un nouveau téléviseur : ce modèle est bien trop ancien ! »
8. Au-dessus de la porte, on pouvait lire encore le nom du garage bien que les lettres fussent à moitié effacées.
9. Même si elle avait accumulé détails, anecdotes, images, lui ne se serait souvenu de rien après un tel accident.
10. Quoique les années eussent passé, il ne changea rien à ses habitudes : dès 5 heures, il s'installait à sa table de travail.

SYNTHÈSE

EXERCICE **12**

Autres moyens :
Transformez les phrases ci-dessous à l'aide du moyen proposé.

1. **CONDITIONNEL + CONDITIONNEL**

— Même si j'en avais les moyens, je n'achèterais sûrement pas une maison en Normandie.

— Même s'il avait son permis de conduire, il continuerait à se déplacer en métro.

— Même si nous le lui répétions cent fois, il n'en ferait qu'à sa tête.

— Même si vous étiez arrivé une heure à l'avance, vous n'auriez pas trouvé de place dans le train : tout était réservé !

2. **CONDITIONNEL + inversion du sujet + CONDITIONNEL**

— Même si vous gagniez le double, vous seriez toujours endetté.

— Quand bien même tu ne resterais qu'une journée à Paris, il faudrait que tu viennes nous voir.

— Même si on simplifiait l'orthographe française, celle-ci resterait encore très complexe.

3. **IMPÉRATIF + FUTUR ou PRÉSENT**

— Il est très crédule : même si tu lui dis un énorme mensonge, de toute façon, il te croira.

— Vous aurez beau partir à l'autre bout du monde, il vous retrouvera quand même.

— Quand bien même vous lui feriez les plus beaux cadeaux, vous n'obtiendrez rien d'elle.

— Tu peux économiser, tu tireras toujours le diable par la queue.*

— Même si vous lui rendez service, il ne vous remerciera même pas.

* Avoir du mal à vivre à cause de faibles revenus.

4. **CONDITIONNEL PASSÉ 2e forme SUBJONCTIF IMPARFAIT, et inversion du sujet + INDICATIF ou CONDITIONNEL**

— Même s'il devait ne pas dormir durant trois nuits, il achevait ce qu'il avait entrepris.

— Même si elle était plus intelligente, sa laideur ferait toujours d'elle un repoussoir.

— Il n'avait jamais aimé partager, même si c'était des sucreries.

— Même s'il avait voulu nous aider, sa situation sociale ne le lui aurait pas permis.

— Même si un nouveau ministre de l'Économie avait été nommé, il n'aurait pas résolu le problème du chômage pour autant.

EXERCICE **13**

A) Découvrez où se trouve l'idée de concession dans chaque paragraphe.

B) Formez une phrase complexe où vous introduirez, chaque fois, un moyen différent. Plusieurs réponses sont possibles.

L'aventure de Jacques-Yves COUSTEAU

1. Cousteau reste un jeune homme.
   Il a 75 ans.
   Il vagabonde toujours sur les mers.
2. Il est citoyen du Monde.
   Il a 2 patries : ses 2 bateaux, la Calypso et l'Alcyone.
3. 1942 : il n'avait pas la possibilité de se procurer des films.
   Il achète des pellicules photo.
   À partir de ces pellicules, il confectionne des films.
   Il tourne son premier documentaire.
4. 1950 : un mécène lui offrit un vieux dragueur de mines.
   Cousteau le transforma en laboratoire océanographique.
   Au risque de devoir vendre tous ses biens !
5. 1956 : au festival de Cannes, Cousteau présente « Le Monde du silence ».
   Les héros sont des poissons.
   Le documentaire reçoit la Palme d'or.
6. Un film, même si c'est un succès international, a un public limité.
   Une émission télévisée rencontre un public plus vaste.
   En 1967, cent pays connaissent Cousteau et son équipe grâce à la télévision.
7. Ses films sont d'une réelle qualité scientifique.
   Qui dit scientifique, dit souvent rébarbatif.
   Il se dégage de ses films du bonheur.
8. À succès mérité, critiques injustes !
9. Cousteau est virulent.
   Il a des accès de colère soudaine.
   Il possède une vraie gentillesse.
10. Ses équipiers le vénèrent.
    Le commandant fait attention.
    Chacun vit avec lui sur un pied d'égalité.
11. Il mène une vie pleine d'aventures.
    Il a toujours voulu sa femme à ses côtés sur la Calypso.
    Il a entraîné, dès leur enfance, ses enfants avec lui.
12. Des obstacles surgissent.
    Des personnes s'interposent.
    Il trouvera toujours de nouveaux projets à échafauder.

EXERCICE **14**

Les noms

À l'intérieur de ce débat, insérez les noms d'opposition qui se prêtent le mieux au contexte.

Mais où sont les divas d'antan ?

Le journaliste : L'opéra se meurt, l'opéra est mort. Les théâtres lyriques sont devenus des gouffres mornes qui attirent plus de touristes en goguette que de mélomanes en smoking — sans parler des sommes folles qui s'y engouffrent elles aussi. Enfin ! Mieux vaut encore voir ça que rien du tout !

L'invité : Ah ! Parlez-moi du temps de la Callas ! L'opéra était alors le temple du bel canto mais aussi des ________________ les plus impitoyables entre divas. On se livrait à des ________________ sans merci pour l'emporter dans le cœur du public qui, par sa versatilité impitoyable, entretenait ce climat d' ________________ et d' ________________ . Pas de demi-mesure, ou l'on s'adorait ou l'on éprouvait carrément de la ________________ , voire de la ________________ . Une vraie diva ne supportait aucune ________________ , pas plus que le chef d'orchestre n'aurait souffert la moindre ________________ dans son orchestre. Du reste, c'est bien simple, la plus petite fausse note eût tourné à l' ________________ dans le public.

Aujourd'hui, on chante à ________________ , faute de contre-ut et on conduit un orchestre, comme une Ferrari. Les chanteurs actuels incarnent l' ________________ de ce que doit être un vrai chanteur : tout dévoué à son art. Il n'y a plus guère que les cachets exorbitants qui font vibrer leurs cordes vocales. Non, non, je vous assure, le véritable opéra est bel et bien mort.

Au fait, l'ouverture de la Bastille, c'est pour quand, avez-vous dit, déjà ?

(Extrait d'un débat radio sur l'opéra.)

EXERCICE **15**

Les verbes

Complétez les phrases suivantes à l'aide des verbes les plus appropriés. (Les prépositions ne sont pas indiquées.)

1. À peine sorti de la vague de contestation étudiante, voilà qu'à présent le gouvernement ________________ à celle des cheminots.
2. « Je ne ________________ son talent, loin de là ; simplement, je regrette sa trop grande suffisance. »
3. Aux accusations dont il était l'objet dans la presse, l'ancien ministre a ________________ qu'il allait sortir des dossiers qui en compromettraient plus d'un.
4. « Je t'avais demandé d'être prête à l'heure et tu en es encore à te maquiller. C'est toujours pareil avec toi ! On dirait que tu t'ingénies à me ________________ .

5. « Tâche de ne pas énerver ton oncle et de ne pas le ____________ toi, si tu veux qu'un jour nous héritions de lui. Il est si changeant ! »
6. L'Association pour la défense du consommateur s'est violemment ____________ le projet des banques de faire payer les chèques.
7. « J'aime assez un mobilier moderne qui ____________ un intérieur ancien. »
8. Seule une guerre mondiale pourrait ____________ gravement le développement des progrès de l'humanité.
9. Lors de sa soutenance de thèse, le candidat ____________ brillamment, l'une après l'autre, toutes les critiques qui lui furent adressées.
10. L'instituteur avait beau dire et répéter à l'enfant qu'il devait travailler s'il voulait un jour être quelqu'un, le petit n'y mettait aucun enthousiasme et ____________ faire le moindre effort.
11. « La montagne, c'est toute sa vie ! D'ailleurs, étant enfant, il aimait déjà ____________ le danger. »
12. La mode, cette année, a aimé, tant pour les hommes que pour les femmes, les alliances audacieuses de couleurs : par exemple le vert pomme qui ____________ le bleu cru.
13. Pour mieux ____________ l'épidémie de grippe qui sévit cet hiver, ma femme et moi avons décidé de nous faire vacciner.
14. Tous les vignerons de Touraine se ____________ le projet de TGV-Atlantique qui menaçait leurs vignes. Alors on a dû modifier le tracé de la ligne.

EXERCICE **16** **Texte littéraire**

A propos d'un arbre généalogique

... Si vaine que soit la constitution d'un arbre généalogique, où pend toujours une quantité considérable de bois mort, [...] si vaine que soit la recherche et le dosage plus ou moins truqué d'une ascendance, je ne dédaigne pas totalement ce petit jeu. [...] Tandis que mon père, avec ce vain instinct de collectionneur qu'il manifestait en toutes choses, accumulait les notes, épinglait les dates, donnait de subtils coups de filet dans le temps et dans l'espace, j'aimais derrière lui m'emparer des registres, choisir un nom [...] et le suivre de page en page. [...] La grande histoire peut mépriser ces humbles en elle anonymes, comme sont anonymes en nous les millions de globules de notre sang, mais, ni elle, ni la petite histoire, ni même le roman, quelles que soient les précisions et la couleur de son récit, ne peuvent donner ce caractère d'authenticité, ce parfum de fleur desséchée qui a pourtant fleuri.

D'après Hervé BAZIN : ‹ Vipère au poing ›, 1948.

Question :
Relevez les différents moyens utilisés pour exprimer l'opposition et la concession et donnez leur valeur.

Rédaction :
Faites-vous l'avocat d'une profession, peu attractive pour certains, mais dont vous appréciez quelques aspects. (L'archéologie - la chirurgie - la naturalisation d'animaux - nègre pour un écrivain - secrétaire de star...)

Lecture :
« Vipère au poing » décrit l'affrontement dramatique entre une mère et ses enfants. Recherchez les racines de cet antagonisme.

SYNTHÈSE OPPOSITION / CONCESSION

EXERCICE **17**

A) **Entraînement à l'oral**
(Par groupe de 4 ou 5 étudiants): À partir des éléments donnés ci-dessous, mettez au point un paragraphe (Le Physique - Le Train de vie -...), en utilisant tous les moyens propres à exprimer l'opposition et la concession (Syntaxe et Lexique).

Dans un numéro du « Point » de janvier 1986, Dominique Audibert proposait à des Français de gauche d'esquisser le portrait des Français de droite et vice versa.
Il est bien connu que les descendants de Voltaire ont la dent dure et le sens de la caricature, jugez-en vous-même!

« Les affreux de la **gauche** vus par la droite. »	« Les vilains de la **droite** vus par la gauche. »
Le Physique et Le Caractère	
Lui: La quarantaine triste. Mince, plutôt laid et peu soigné.	*Lui:* L'ignoble J.R. de « Dallas », bedonnant et déjà dégarni.
Petites lunettes rondes, cheveux longs dans le cou, chemises col ouvert, pantalon de velours fripé.	Lunettes en écaille à double foyer, loden vert et costume 3 pièces.
Peu ambitieux. Rêveur et pas réaliste pour un sou. Timide et suiveur.	Cynique et suffisant. Méprisant et obséquieux. Égoïste et arriviste. Pas d'amis, beaucoup de relations. Dur avec ses subordonnés, « carpette » avec ses supérieurs.
Elle: Sèche, le visage aigu et la fesse plate.	*Elle:* L'allure austère ou transparente.
Style baba cool[1] : des cheveux ultra-courts ou trop longs - pull-over noir en grosse laine - pas de soutien-gorge - des bagues à tous les doigts - les ongles rongés - fume comme un sapeur-pompier.	La panoplie B.C.B.G.[2]: le chignon bas - chemisier de soie à col montant - jupes plissées - des bijoux discrets - des escarpins vernis.
Autoritaire et dominàtrice.	Insipide et superficielle.
La Famille	
Soixante-huitards assagis. Ont cohabité pendant 5 ans puis se sont mariés sur le tard: marginaux pris dans l'engrenage.	Mariage « combiné » par les parents. Elle est plus jeune que lui. Harmonie de façade, chacun mène la vie qu'il veut.
Travaillent tous les deux - deux enseignants: instituteurs ou profs de philo ou de sociologie. *Lui* peut être un fonctionnaire aigri.	*Lui* est banquier ou promoteur immobilier. *Elle* ne travaille pas, occupe ses journées à courir les boutiques et à prendre le thé entre dames.
Deux enfants (10-13 ans) élevés dans le style copain-copain.	Trois enfants au moins élevés par la baby-sitter.
Elle est le contraire de la mère poule et porte la culotte[3]. *Lui*, bon papa, serviable, met la main à la pâte.[4]	Rigoristes et sévères avec les enfants. Une obsession: leur situation future. *Lui*, rentre à la maison après 21 h.

1. Génération de 68 en opposition à la société de consommation.
2. Bon Chic Bon Genre (c'est-à-dire snob).
3. La femme commande à la maison.
4. Aide dans les tâches ménagères.

Le Train de Vie

Pas riches mais pas pauvres. Souvent à découvert à la banque[5]. Un livret à la Caisse d'épargne.	Le « fric », valeur phare[6]. Un compte à la banque Barclays. Un arsenal financier : actions, obligations,... Ils n'achètent pas, ils placent : tableaux bien cotés - appartements - portefeuille boursier.
Un petit appartement en location dans le Ve ou ou le VIe.	Le luxe de l'espace dans le XVIe ou le « bon XVIIe ».
Un chien bâtard recueilli à la S.P.A.[7].	Un « chien de droite » : un yorkshire ridicule avec un nœud sur la tête.
Une R 18 peu soignée.	Deux voitures : pour lui, une grosse Volvo ou une Mercedes 190 ; pour elle, une Super 5 quatre portes pour les courses et les enfants.
L'été à la campagne en gîte rural, ou à la mer en V.V.F.[8] (naturisme de rigueur).	Noël au Sénégal et février à Courchevel[9].
Ils font du jogging et du vélo souvent ensemble.	Pratiquent le golf, le squash, l'équitation et le tennis.

La Culture

Les journaux : Libé / Le Matin / Le Canard enchaîné / Le Nouvel Obs.	*Lui :* Les Échos / La Presse financière. *Elle :* Jours de France / Marie-Claire / le Figaro Magazine / Elle.
La bibliothèque : Sartre / Camus / Aragon / Bernard-Henri Lévy.	Celle des parents et les grands prix littéraires.
Le disque du concert pour l'Éthiopie recouvre les 33 tours de Ferrat / Brel / Brassens / Ferré / quelques classiques et de la musique exotique.	La musique classique.
Télévision : évitent le journal télévisé, préfèrent les émissions littéraires style « Apostrophes » et les Ciné-Clubs.	Les Journaux télévisés et les films du dimanche. Parfois un film porno au magnétoscope.
Peu branchés sur la bouffe : surgelés / saucisses en sachet / quelquefois un restaurant grec ou indien.	On invite beaucoup : chez soi ou au restaurant. Goût de la bonne chère : saumon - gibier - grands crus.
Cinéphiles du Quartier latin et même « rats de cinémathèque ».	Les films dont on parle, à voir si possible aux Champs-Élysées.

5. Le solde est débiteur.
6. La valeur qui est un guide pour les valeurs morales.
7. Société Protectrice des Animaux.
8. Villages Vacances Familles : organisme permettant aux familles aux revenus modestes de passer des vacances décentes.
9. Station de sports d'hiver à la mode.

EXERCICE **17**

B) **Entraînement à l'écrit**

Rédigez un texte sur les contrastes qui existent chez les Français.

Modèle : Le portrait-robot des Français s'avère très **contrasté. Alors que** l'un serait mince, chevelu et peu soigné, l'autre serait bedonnant, légèrement dégarni et très soucieux de son apparence.
Tous deux porteraient des lunettes, **toutefois** celui de gauche affectionnerait les rondes et petites ; **quant à** celui de droite celles en écaille et à double foyer...

SYNTHÈSE

COMPARAISON / OPPOSITION - CONCESSION

EXERCICE **1**

RÉDACTION ou DÉBAT en classe.

À partir des éléments biographiques, des idées esthétiques et des œuvres reproduites ci-dessous, faites si possible une synthèse en rapprochant ou en mettant en relief ce qui sépare ces trois architectes qui auront laissé, au cours de ce siècle, leur empreinte sur Paris et sa banlieue.

Modèle : **Bien qu'**étranger, Riccardo Bofill, aura marqué de son empreinte le paysage urbain de l'Ile-de-France **de même que** 2 architectes typiquement français, Hector Guimard et Émile Aillaud. **Cependant, alors que** Bofill et Aillaud ont œuvré pour tous les milieux sociaux, **tant** cadres qu'employés, Guimard, **quant à lui,** s'est consacré à une clientèle bourgeoise. Ces trois hommes, venus d'horizons **divers**, sont des artistes **de même envergure** mais dont les œuvres sont **de veine différente** ...

1) **Hector GUIMARD (1867 Lyon - 1942 New York)**

— Construit principalement à Auteuil - XVIe arrondissement.
— Architecte mais aussi entrepreneur : la seule façon d'être libre est non seulement de dessiner ses projets mais aussi de les réaliser soi-même. Le client n'influence en rien la création.
— Travaille pour toutes les conditions d'habitat rural ou urbain : chalet - castel - villa de luxe - hôtel particulier - maison ou immeuble en co-propriété, luxueux ou non.
— Architecture éclectique avec une palette nuancée de textures : pierre - tuile - brique - céramique - métal - verre...

« Quand je construis une maison, je songe au spectacle que nous donne l'univers. La beauté nous y apparaît dans une perpétuelle variété. Point de parallélisme ou de symétrie. ... Quelle leçon pour l'architecte qui sait regarder dans cet admirable répertoire des formes et des couleurs. Pour la construction ne sont-ce pas les branches des arbres, les tiges tour à tour rigides et onduleuses qui nous fournissent nos modèles ? »

Castel Orgeval à Villemoison (1904-1905)

« Rejeter la feuille pour mieux saisir la tige. » « Puisque, dans la nature, un objet quelconque a toujours une forme appropriée à sa destination, c'est dans la matière même qu'il nous faut chercher la forme décorative... Faisons surgir cette floraison de la matière qui n'est pas la contre-partie de la nature, mais qui en cherche au contraire la loi tracée et l'applique dans l'infinie variété du développement qu'elle suscite. »

2) **Émile AILLAUD (1902 à Mexico)**

— Constructions essentiellement en proche banlieue : « La Grande Borne » à Grigny ; les tours de « la Folie » à Nanterre ; les immeubles miroirs à La Défense ...

— Œuvre pour les logements sociaux, genre H.L.M. (Habitations à Loyers Modérés), pour les milieux déshérités.

— Architecture caractérisée par un tracé non rectiligne et le recours à la polychromie.

H.L.M. traditionnelle

« La Folie » Vue d'ensemble

« Ce que je voudrais, c'est donner la possibilité d'accéder à l'individualité, tout en goûtant à la solitude, c'est faire connaître autre chose que cet urbanisme collectif, monotone, répétitif pour que les enfants deviennent des adultes différents et non des collectifs... Les murs font des individus à leur image. On ne se méfie jamais assez de cette puissance occulte de l'architecture parce qu'elle est lente et insidieuse. »

Une allée entre 2 places à la « Grande Borne ».
Quartier H.L.M. conçu par Aillaud

« Une ville devrait être un appartement : une série de places, un couloir, une autre place — Rome est un appartement — Ma ville est une série de places — rondes, carrées, longues, triangulaires, en forme de diabolo — où pour aller d'un point à un autre, on traverse des lieux architecturaux. Un urbanisme à la mesure du temps, de la marche, sans voitures, fait de lieux praticables, le contraire de ces gazons décoratifs et interdits. »

« Mes tours, leur plan n'est fait que de courbes comme une sculpture. Très colorées avec un revêtement de pâte de verre, versicolores, en même temps évanescentes car leur volume n'est jamais très visible. Elles sont peintes comme un ciel, des arbres, des nuages.

La circulation des voitures est souterraine avec au-dessus une large avenue qui serpente, modelée en collines de pavés, un entrelacs de chemins creux, plantés d'arbres qui mèneront à des recoins où se retrouver à 2 ou 3. Chaque appartement correspond à un arbre : 3 000 arbres. »

« Le rôle de l'architecte ? Essayer de changer la vie. Créer un monde apte à être habité ! »

(Interview Émile Aillaud dans « l'Express » - décembre 1972.)

« Le Palacio » de R. BOFILL
à Marne-la-Vallée

3) **Riccardo BOFILL (1939 Barcelone)**

— 1964 : Fondation du « Taller de arquitectura » (l'Atelier d'Architecture) à Barcelone et réalisation de très importants programmes de constructions à caractère révolutionnaire.

— À Paris, rénovation du quartier des Halles : le Forum et ses jardins, et de Montparnasse : la Résidence de « Colonnes », appelée « le Versailles du peuple ».

— En banlieue, logements sociaux : les H.L.M. de St-Quentin-en-Yvelines : « Les Arcades du lac » mais aussi des résidences : « Le Viaduc », dit « le Chenonceau pour cadres ».

— Une architecture imprégnée d'Histoire où se juxtaposent différents moments stylistiques européens : classicisme et baroque ; où se mélangent aussi textures et couleurs.

Des couleurs fortes, des textures contrastées : béton, verre et briques. Par temps clair, les murs sont presque roses ; par temps sombre, rouge sang. Les rues étroites sont pavées elles aussi de terre cuite. La circulation automobile est gommée par des parkings en sous-sol.

Classicisme des façades très dessinées avec frontons - corniches - colonnes ; des bâtiments disposés en grands carrés, en cercles, symétriques autour d'un axe central.

« Nous avons le recul nécessaire pour saisir les différents moments stylistiques de l'Histoire et formaliser les premiers signes de cette Europe des Nations qui commence à apparaître. »

« ... L'utilisation de types anciens pour créer un modèle nouveau. C'est ça la création. »

(Extrait de « L'architecture d'un homme » par Riccardo Bofill chez Arthaud, 1978.)

« Il faut établir un courant affectif entre l'usager et la forme dans l'espace. Les usagers doivent reconnaître dans les formes et les espaces certains traits familiers avec lesquels ils ont noué un rapport d'usage. Placés devant une forme entièrement nouvelle, résultat d'une technologie nouvelle, ils sont déconcertés et la communication est coupée. Quand on s'appuie sur des éléments tirés de l'Histoire et qu'on introduit, en même temps, des éléments nouveaux, l'usage se trouve dans une situation connue, mais différente... C'est pour cette raison que nous proposons toujours une architecture « baroque », mot pris ici dans le sens de « complexe », au niveau de la texture, comme à celui du matériau, car les habitants peuvent alors réagir de plusieurs manières. Ils ne sont pas contraints à un unique comportement préfabriqué. Une multitude de sentiments sont possibles. »

SYNTHÈSE DES ARTICULATIONS DU RAISONNEMENT

EXERCICE **2**

Voici 5 textes

Qu'il s'agisse de l'analyse des méandres de l'inconscient chez PROUST, d'un essai de critique littéraire à propos de CAMUS ; qu'il s'agisse de l'étude structuraliste de la prison chez FOUCAULT, ou d'un plaidoyer chaleureux en faveur de la langue française à travers de BROGLIE, un même dénominateur réunit ces auteurs : la volonté, la passion de convaincre. Pour y parvenir, la pensée se plie à la nécessité d'un raisonnement. Ce raisonnement s'organise, s'articule selon un certain nombre de structures grammaticales et lexicales bien précises qu'il vous appartient de découvrir.

1) Repérez tous les éléments d'articulation du raisonnement (exprimant la cause, la conséquence, ...).
2) Rédigez vous-même un texte dans lequel vous les ferez intervenir.

I. Une compagne à apprivoiser...

Cette idée de la mort s'installa définitivement en moi comme fait un amour. Non que j'aimasse la mort, je la détestais. Mais après y avoir songé sans doute de temps en temps comme à une femme qu'on n'aime pas encore, maintenant sa pensée adhérait à la plus profonde couche de mon cerveau si complètement que je ne pouvais m'occuper d'une chose sans que cette chose traversât d'abord l'idée de la mort, et même si je ne m'occupais de rien et restais dans un repos complet, l'idée de la mort me tenait une compagnie aussi incessante que l'idée du moi. Je ne pense pas que, le jour où j'étais devenu un demi-mort, c'était des accidents qui avaient caractérisé cela, l'impossibilité de descendre un escalier, de me rappeler un nom, de me lever, qui avaient causé, par un raisonnement même inconscient, l'idée de la mort, que j'étais déjà à peu près mort, mais plutôt que c'était venu ensemble, qu'inévitablement ce grand miroir de l'esprit reflétait une réalité nouvelle. Pourtant je ne voyais pas comment des maux que j'avais on pouvait passer, sans être averti, à la mort complète. Mais alors je pensais aux autres, à tous ceux qui chaque jour meurent sans que l'hiatus entre leur maladie et leur mort nous semble extraordinaire. Je pensais même que c'était seulement parce que je les voyais de l'intérieur (plus encore que par les tromperies de l'espérance) que certains malaises ne me semblaient pas mortels pris un à un, bien que je crusse à ma mort, de même que ceux qui sont le plus persuadés que leur terme est venu sont néanmoins persuadés aisément que, s'ils ne peuvent pas prononcer certains mots, cela n'a rien à voir avec une attaque, l'aphasie, etc., mais vient d'une fatigue de la langue, d'un état nerveux analogue au bégaiement, de l'épuisement qui a suivi une indigestion.

Marcel PROUST, **Le Temps retrouvé**, 1927, dans **À la recherche du temps perdu**, Gallimard.

II. CAMUS, philosophe méditerranéen

À nous cantonner au Camus romancier et philosophe, quelque talentueux qu'il fût, nous aurions de lui une image incomplète.
Camus, le Méditerranéen, l'homme de la mer et du soleil, compte tout autant. Dès sa jeunesse, il oscillait entre les idées pures, si tant est qu'il y ait des idées pures, et un lyrisme tragique inspiré par les paysages de son pays. Voilà pourquoi il s'est attaché à revaloriser, dans notre littérature, le soleil et la mer, générateurs de cette terre inondée de lumière. Sa prose, tout aussi sensuelle que lucide, nous fait si bien partager ses noces tumultueuses avec les éléments que, d'abord, il enflamme notre imagination mais qu'ensuite, il nous amène à l'ivresse de la méditation.

Avec ses descriptions, aux rythmes éclatants, consacrées aux paysages contrastés d'Algérie, Camus est parvenu à s'imposer comme un de nos rares écrivains lyriques. Seulement, s'il avait le génie pour décrire les lieux où il épuisait les forces frémissantes de sa jeunesse, il n'avait de cesse aussi de s'élever jusqu'à la réflexion et d'accéder aux problèmes tant universels qu'intemporels.

Et s'il enfermait l'homme dans sa prison terrestre, s'il lui ôtait tout espoir en l'au-delà, il n'en restait pas moins qu'il ne se refusait jamais aux jouissances, intenses mais brèves, concédées par cette terre méditerranéenne. Sensualité et réflexion, tels deux amants s'entre-déchirant bien qu'indissociables, restent ancrées en lui à jamais.

M. Ruquet (extrait d'une étude universitaire inédite).

III. La détention carcérale

Pour **Michel FOUCAULT** (1926-1984), **la détention carcérale** représente le châtiment par excellence voulu par la société moderne qui classe, distribue les individus en catégories distinctes et selon un espace soigneusement quadrillé et surveillé, qu'il s'agisse de la caserne, du collège ou de l'atelier. Ainsi la prison apparaît-elle comme l'archétype de toutes les techniques de surveillance des individus soumis à une même volonté disciplinaire.

Cette ‹ évidence › de la prison dont nous nous détachons si mal se fonde d'abord sur la forme simple de la ‹ privation de liberté ›. Comment la prison ne serait-elle pas la peine par excellence dans une société où la liberté est un bien qui appartient à tous de la même façon et auquel chacun est attaché par un sentiment ‹ universel et constant › ? Sa perte a donc le même prix pour tous ; mieux que l'amende elle est le châtiment ‹ égalitaire ›. Clarté en quelque sorte juridique de la prison. De plus, elle permet de quantifier exactement la peine selon la variable du temps. Il y a une forme-salaire de la prison qui constitue, dans les sociétés industrielles, son ‹ évidence › économique. Et lui permet d'apparaître comme une réparation. En prélevant le temps du condamné, la prison semble traduire concrètement l'idée que l'infraction a lésé, au-delà de la victime, la société tout entière. Évidence économico-morale d'une pénalité qui monnaie les châtiments en jours, en mois, en années et qui établit des équivalences quantitatives délits-durée. De là l'expression si fréquente, si conforme au fonctionnement des punitions, bien que contraire à la théorie stricte du droit pénal, qu'on est en prison pour ‹ payer sa dette ›. La prison est ‹ naturelle › comme est ‹ naturel › dans notre société l'usage du temps pour mesurer les échanges.

Mais l'évidence de la prison se fonde aussi sur son rôle, supposé ou exigé, d'appareil à transformer les individus. Comment la prison ne serait-elle pas immédiatement acceptée puisqu'elle ne fait, en enfermant, en redressant, en rendant docile, que reproduire, quitte à les accentuer un peu, tous les mécanismes qu'on trouve dans le corps social ? La prison : une caserne un peu stricte, une école sans indulgence, un sombre atelier, mais, à la limite, rien de qualitativement différent. Ce double fondement — juridico-économique d'une part, technico-disciplinaire de l'autre — a fait apparaître la prison comme la forme la plus immédiate et la plus civilisée de toutes les peines. Et c'est ce double fonctionnement qui lui a donné tout de suite sa solidité. Une chose en effet est claire : la prison n'a pas été d'abord une privation de liberté à laquelle on aurait donné par la suite une fonction technique de correction ; elle a été dès le départ une ‹ détention légale › chargée d'un supplément correctif, ou encore une entreprise de modification des individus que la privation de liberté permet de faire fonctionner dans le système légal. En somme l'emprisonnement pénal, dès le début du XIXe siècle, a couvert à la fois la privation de liberté et la transformation technique des individus.

(**Surveiller et punir. Naissance de la prison.** Paris. Gallimard, 1975, pp. 234-235.)

IV. Éloge de l'Académie française

Un des reproches faits à l'Académie française serait un manque de stratégie de communication...

‹ Le miracle est, bien au contraire, que sans budget de publicité et sans moyen de pression, cette assemblée possède autant de notoriété et autant de couverture de presse. Ce ne sont pas les roulements de tambour, ni l'uniforme, ni même le palais du quai Conti, pour magnifique et symbolique qu'il soit, qui expliquent ce succès médiatique. Il faut chercher la raison dans ce trait original : voilà une Académie qui n'est pas une réunion de gens de lettres ni de spécialistes. Les branches du savoir s'y mêlent dans une proportion subtile et mystérieuse qui fait de la compagnie, selon Maurice Druon, ‹ un peuple d'uniques › et, selon le duc de Castries, ‹ un club d'illustrations ›. C'est précisément ce trait qui donne sa force à l'autorité de l'Académie sur la langue. Grâce à elle, le français n'est pas conservé par des gardiens ou des grammairiens, il n'est pas cultivé par des experts comme un ensemble plus ou moins complexe de règles. Il est honoré par des dignitaires qui intègrent la tradition et l'histoire de notre pays et toutes les nouveautés de la science, de la pensée et de la société. L'attention, la tolérance, la curiosité, l'ouverture d'esprit et l'imagination sont aussi nécessaires que la rigueur et l'érudition pour conduire le français à travers notre époque et le maintenir comme ciment de l'unité et comme instrument de la culture de tous les peuples francophones.

La place du français dans le monde

Partout dans le monde, le classement du français parmi les langues étrangères est d'une extrême importance. En Grande-Bretagne, il occupe la première place avec 78 % des élèves du secondaire. Par comparaison, l'anglais est enseigné à 82 % des élèves en France, à 83 % en Allemagne. En Italie, le français occupait la première place il y a vingt ans, détrôné par l'anglais il y a dix ans. En Russie, il devient la deuxième langue étrangère, devant l'allemand. Il pourrait devenir obligatoire au Vietnam. Il est la première en Roumanie, la seconde en Irak et au Japon, la première au Nigeria.

Dès lors que la langue n'est pas obligatoire, le choix des élèves, de leurs parents et des étudiants devient déterminant. Sur ce terrain, les choses sont assez claires. Presque partout dans le monde, l'anglais a l'avantage de l'utilité, on pourrait dire de la rentabilité. Le français n'a pour lui que sa gratuité et son prestige culturel. Plus formateur, plus difficile aussi, il est infiniment moins répandu. Au-delà de l'intérêt direct des enseignés et de leurs débouchés professionnels, il y a l'image d'une langue, de la culture qu'elle exprime, des rêves et des fantasmes qu'elle inspire. L'anglais exerce un attrait quasi universel, tandis que la séduction du français fut longtemps réservée à l'élite. Encore faut-il, là aussi, tenir compte des circonstances. Les Pays-Bas, tournés vers l'Angleterre, furent peu touchés par la culture française, jusqu'au jour où le tourisme en France révéla aux Néerlandais un agrément de vie et une richesse de civilisation qui les portèrent davantage vers notre langue. En Catalogne, c'est depuis toujours que le français est en usage, en raison de la sympathie que l'identité catalane a trouvée dans notre pays. Des liens historiques avec la Pologne, des liens culturels avec la Roumanie ont joué un temps dans le même sens avant de se distendre. À l'inverse, les vicissitudes de la décolonisation n'ont pas affaibli les liens linguistiques. Bien d'autres éléments peuvent jouer qui affectent l'enseignement des langues. La situation de chacune fluctue comme les cours d'un marché qui confronterait une offre et une demande. La cote du français dans les écoles du monde s'établit d'après ses mérites comparés à ceux des autres langues. La décision d'enseigner ou d'apprendre le français loin de borner un univers, fût-ce celui de la civilisation française, ouvre sur d'autres cultures et les aide à s'exprimer, à se situer. Cette décision n'est jamais dirigée contre quiconque. Les seuls adversaires à vaincre seraient l'indifférence, la lassitude et la résignation à l'uniformité.

Une passion pour le français

L'engagement pour le français atteint toujours une dimension internationale. Je souhaite que cette dimension soit davantage prise en considération, non point tellement par les gouvernants et les experts mais par l'ensemble des responsables de notre pays et par l'opinion. Il suffit de franchir chaque année comme je le fais la Manche, l'Atlantique et la Méditerranée pour se convaincre que la langue, comme l'économie ou la science, ne peut échapper à l'environnement international et que le français n'a rien à en redouter, bien au contraire. Non seulement la conscience du français est souvent plus haute à l'étranger qu'en France, mais toute attitude autarcique en matière de langue traduirait une culture introvertie, une fragilité et en fin de compte une menace de dépérissement. Il est facile de proclamer le principe, il l'est moins de ne jamais dissocier le point de vue national du regard international, que celui-ci soit le nôtre ou celui des autres, de ne jamais détacher la cause du français de celle de la francophonie, de ne jamais envisager le français séparément des autres grandes langues. C'est un exercice auquel les Français sont peu préparés. Il n'est cependant pas d'autre éclairage que l'ensemble des relations entre les langues, pas d'autre ligne que l'ouverture. De même que la langue française ne se protège pas par la coercition mais par l'incitation, elle ne peut se renforcer dans l'isolement ni par le repli, mais dans la diversité, l'échange et l'enthousiasme. Oui, vraiment, l'enthousiasme ! Il y a de la ferveur et presque de la religion dans ce que je ressens pour elle. Si je formule encore un souhait, c'est qu'aussi fortement que je l'éprouve, la passion pour le français inspire une politique digne de lui, digne d'elle.

Gabriel de Broglie. **Le français, pour qu'il vive.** Paris, Gallimard, 1986, pp. 158, 244-245, 272.

Et puisqu'en France tout se termine par des chansons...

V. Yves Duteil

La langue de chez nous

C'est une langue belle avec des mots superbes
Qui porte son histoire à travers ses accents
Où l'on sent la musique et le parfum des herbes
Le fromage de chèvre et le pain de froment.

Et du Mont-Saint-Michel jusqu'à la Contrescarpe
En écoutant parler les gens de ce pays
On dirait que le vent s'est pris dans une harpe
Et qu'il en a gardé toutes les harmonies.

Dans cette langue belle aux couleurs de Provence
Où la saveur des choses est déjà dans les mots
C'est d'abord en parlant que la fête commence
Et l'on boit des paroles aussi bien que de l'eau.

Les voix ressemblent au cours des fleuves et des rivières
Elles répondent aux méandres, au vent dans les roseaux
Parfois même aux torrents qui charrient des tonnerres
En polissant les pierres sur le bord des ruisseaux.

C'est une langue belle à l'autre bout du monde
Une bulle de France au nord d'un continent
Sertie dans un étau et pourtant si féconde
Enfermée dans les glaces au sommet d'un volcan.

Elle a jeté des ponts par-dessus l'Atlantique
Elle a quitté son île pour un autre terroir
Et comme une hirondelle au printemps des musiques
Elle revient nous chanter ses peines et ses espoirs.

Nous dire que là-bas dans ce pays de neige
Elle a fait face aux vents qui soufflent de partout
Pour imposer ses mots jusque dans les collèges
Et qu'on y parle encore la langue de chez nous.

C'est une langue belle à qui sait la défendre
Elle offre des trésors de richesses infinies
Les mots qui nous manquaient pour pouvoir nous comprendre
Et la force qu'il faut pour vivre en harmonie.

Et de l'île d'Orléans jusqu'à la Contrescarpe
En écoutant chanter les gens de ce pays
On dirait que le vent s'est pris dans une harpe *Bis*
Et qu'il a composé toute une symphonie.

CORRIGÉ

CONDITION - HYPOTHÈSE

1 EXERCICE

Syntaxe		Lexique		Procédés	
L. 2	Si ... venaient à ...	*L. 1*	Présager	*L. 17*	Tombe ... et ... (verbe de mouvement au subjonctif + inversion)
L. 6	Probablement	*L. 4*	Vraisemblable	*L. 18*	Quelques ... et ...
L. 7	Pour autant que	*L. 5*	Il y a de fortes chances pour que	*L. 26*	N'était ...
L. 8	À condition de	*L. 6*	risquent		
L. 9	En l'absence de + nom	*L. 9*	Susceptible de		
L. 11	Si ... et que ...	*L. 14*	Hypothétiques		
L. 12	En cas de	*L. 15*	Il n'est pas douteux que		
L. 13	À défaut de	*L.20*	Éventuelles		
L. 14	Pour peu que				
L. 16	Au risque de				
L. 22	Suivant que				
L. 24	À supposer que				

2 EXERCICE

A. 1 : menace - volent / intemporelle - habituelle / **l'été** = tous les étés.
2 : reprennent - embauchera / future - dans l'avenir / **au cours de l'année.**
3 : n'a pas arrêté - pourrait / considérée comme achevée - éventuelles / **dans 24 heures** = limite de temps.
4 : commencent - avertis-moi / future - demande / **s'il te plaît.**
5 : se met - quitte / intemporelle
— immédiate / **aussitôt**
— habituelle / **si = chaque fois.**
6 : veux - demande-le moi - ferai / actuelle ou future - demande - dans l'avenir.
7 : vous vous lancez - faudrait - fassiez / future - éventuelle.
8 : n'avons pas reçu - serons / considérée comme achevée -future / recevons - serions / future - éventuelle.
9 : brûles / mettras / actuelle - future / as brûlé / t'es mis / passée - passée.
10 : n'ai pas ouvert - réveille-moi - me lèverai / considérée comme achevée - demande - future / **avant 10 heures** : limite de temps.
11 : as - viens - attendrai / actuelle - demande - future.
12 : est réussie - nous ne nous serons pas donné / considérée comme achevée - achevée dans le futur.

B. 1 : volaient - serais / actuelle ou future.
2 : se déclenchait - était - serait / improbable - habituel - immédiate / **d'aventure** (= si par hasard) - **d'office.**
3 : n'aurait rien - m'arrêtais / future / **ce soir.**
4 : réussissait - n'auraient pas été accumulés / actuelle - passée / **aujourd'hui.**
5 : dénichais - n'hésite pas - achète-le / future - conseillée / **immédiatement.**
6 : rencontrait - entamait - durait - attendais (2) / crainte - immédiate et habituelle / **par malheur - entamer.**
7 : Dépêchons-nous (Dépêche-toi) / partait / souhaitée - future.
8 : osais - oserais-je / actuelle - future / **ce soir - jamais.**
9 : devenaient - devrais / future - conseillée.

C. 1 : avait voulu - aurait donné / passée - passée.
2 : avait été résolu - ne démissionnerait pas / passée - actuelle (n'aurait pas démissionné) **avant - aujourd'hui.**
3 : avait décroché - allait / passée et habituelle - immédiate - **souvent - aussitôt.**
4 : n'avait pas pris - se faisait (1) - se serait fait (2) / passée - immédiate / **sûr que - fin de course** et **juste avant la ligne** = un court instant.
5 : avaient été annoncées - se ruaient / passée - immédiate / **dès l'ouverture.**
6 : m'avait dit - serais / passée - contemporaine / **aujourd'hui.**
7 : avait cru - n'aurait pas été / passée - passée.
8 : avais su - sais - aurais pas commis - ai commises / passée - présente - passée - passée / **à 20 ans - aujourd'hui - entre temps.**

D. 1 : eût surpris - eût été (aurait été) / passées.
2 : se fût agi - eussent dû (auraient dû) / passées.
3 : avait eu (à cause de l'euphonie) - eût signifié (aurait signifié) / passées.
4 : eût fait - auraient réussi (au lieu de : ils eussent réussi à cause de l'alitération) - eût été / passées.

E. 1 : se voit.
2 : n'hésitez pas - je serais.
3 : ferait - considérait - existe.
4 : avaient voulu - vienne.
5 : avait pris ou eût pris - aurait corrigée ou eût corrigée.
6 : as dit (dis) ; as menti (mens) - seras puni.
7 : aurait été changée - serais coulée.
8 : ne revenais pas - console-toi.
9 : eût manifesté (avait manifesté) - n'eût pas pris (n'aurait pas pris).
10 : n'ai pas obtenu (n'obtiens pas) - verrai.
11 : tiens - je vais te le dire.
12 : s'arrachaient - s'épilaient - aurais fait.
13 : dure - restera.

3 EXERCICE DE SYNTHÈSE SUR LES VARIATIONS DE SI ET LES PRÉPOSITIONS

L. 3 : à moins d'une amélioration / **en cas** d'aggravation de la situation.
L. 5 : **sans** la condamnation de 4 manifestants...
L. 6 : **quitte à / au risque d'**affronter...
L. 8 : **sauf si** le gouvernement était disposé...
L. 11 : qu'**à condition de** voir les condamnés libérés.
L. 12 : mais **en l'absence d'**une mesure...
L. 15 : **quitte à** être désavoué...
L. 19 : **comme si** on voulait profiter
L. 22 : **moyennant** d'importantes concessions aux syndicats, le gouvernement savait...
L. 25 : **si jamais** le climat social se détériorait...
L. 27 : **Sinon**
L. 30 : **À** en juger...
L. 31 : **même si** certaines maladresses ont été commises.
L. 31 - : **si** les étudiants français avaient fait preuve de plus de souplesse et de moins d'acharnement...
L. 36 : Enfin, **à en croire** les sociologues...

4 EXERCICE

1. Le travail sera achevé d'ici à la fin du mois **pourvu que** le client ne veuille pas la perfection.
(**à condition que** → condition pure et simple)
2. Pour acheter cet appartement, j'emprunterai volontiers à la banque **si tant est** qu'elle veuille m'accorder un prêt : mon salaire est si maigre !
(**Je crains un refus** → doute)
3. **Pour peu que** tu te donnes du mal, tu l'obtiendras ton permis de conduire !
(**Un peu de** → condition minimale)
4. **Pourvu qu'**il ait encore son passe-partout, Alex pourra ouvrir ma porte blindée.
(**J'espère que** → condition + souhait)
5. Elle devrait venir à bout de sa maladie... **pour autant qu'**elle le veuille !
(**Un tant soit peu + mais** → réserve)
6. **Pour peu que** ce joueur n'ait pas été éliminé, son équipe aurait gagné.
(**au moins** → condition minimale)
7. **Pour autant qu'**il ait obtenu l'accord de sa première femme, il pourra épouser Élizabeth en secondes noces.
(**quoique...** → réserve)
8. L'infection devrait être enrayée **si tant est que** l'antibiotique agisse.
(**Je ne crois guère** → doute)

5 EXERCICE - CHANSON : « Mon Frère »

1. a) À l'origine, langue des voleurs ; aujourd'hui, langue vulgaire.
Ne pas aller à l'école et préférer se promener dans les bois, après avoir jeté son cartable dans les buissons.
La première fille, le premier amour.
b) Il faut un point d'interrogation. Ou deux points, parce que les vers qui suivent expliquent ce que les 2 frères auraient fait ensemble.
c) Car ces vers sont les conséquences passées de « si tu avais vécu ».
Il aurait suffi qu'on connaisse la même fille pour qu'on se batte.
Le rôle de frère aîné, d'ami, de formateur et de rival.
2. a) Ne pas venir à un rendez-vous ou « poser un lapin » (L.F.).
Avait été plus juste, plus équitable.
Une gifle.
Blocs de pierre dont sont recouvertes certaines rues.
Bâton cylindrique dont sont armés les policiers.
b) **À cause de.**
c) L'amertume de la solitude ; le regret de n'avoir pu partager les sentiments, les joies et les peines, les aventures adolescentes.
Mai 68, quand les étudiants ont arraché les pavés des boulevards St-Michel et St-Germain pour se défendre contre ou attaquer les forces de l'ordre (la police).
3. a) Dans la conclusion, Le Forestier passe de l'hypothèse à la certitude, du conditionnel au futur.
pendant / pour.
b) **Ici bas = dans la vie / tout** ce à quoi l'on tient dans la vie, en l'occurrence l'amour d'une fille.
Un chagrin d'amour.

6 EXERCICE - LES LOCUTIONS D'HYPOTHÈSE

A. 1 : **Au cas où** = hypothèse ne dépendant pas du locuteur.
2 : **Suivant que** (**Selon que**) - voudront - ou - ou = alternative aux conséquences variables.
3 : **Une supposition que** = hypothèse choisie par le locuteur (L.F.).
4 : **Dans l'hypothèse où** (**Pour le cas où**) = hypothèse peu probable (L.S.).
5 : **Des fois que** = hypothèse ne dépendant pas du locuteur (L.F.).
6 : **À moins qu'il ne** vienne ... et que ... ne veuille pas = hypothèse inverse.
7 : **Sans cela / Autrement** (**Sans quoi / Faute de quoi**) Supposition inverse (L.F.).
8 : **En admettant même que** = hypothèse choisie par le locuteur - très improbable.
9 : **Soit que** (**que**) ... se mette ... **Soit que** (**ou que**) ... veuillent... pourra.
Alternative pour une même conséquence.
10 : **Dans l'hypothèse où** = (hypothèse peu crédible - (L.S.) - (ne dépend pas du locuteur).
11 : **À moins qu'**elles **ne** soient situées = alternative à 1 hypothèse.

B. 1 : ... **suivant que** l'automne sera pluvieux **ou** sec.
2 : ... **que** les enfants viennent avec nous **ou qu'**ils préfèrent partir avec leurs copains.
3 : ... **selon que** sa santé le lui permettra **ou pas**.
4 : ... **soit que** nous attendions notre chance, **soit que** nous provoquions l'occasion.

7 EXERCICE - Synthèse sur les conjonctions

L. 2 Autrement (Sinon) - *L. 3* qu'... ou qu'... - *L. 5* (Une) supposition qu'... - *L. 7* Pour autant que / Sous réserve que - *L. 8* Des fois que - *L. 9* Dans le cas où - *L. 11* Faute de quoi / sinon - *L. 13-14* À moins que... ne... - *L. 15* En supposant même que - *L. 17-18* Suivant que... ou non,... - *L. 19* Et... si...

8 EXERCICE - Autres moyens

1. Raconte à ton patron qu'... (il s'agit de convaincre) L.P.
   Tu veux que ton patron t'augmente ? Raconte-lui qu'... (on pousse l'autre à agir selon ses désirs) L.P.
   Tu racontes à ton patron ... et sûr qu'il ... (condition suffisante) L.P.
2. L'avocat aurait mieux organisé..., il aurait sans doute convaincu (probabilité) L.E. et P.
   Mieux organisée, la défense de l'avocat aurait sans doute convaincu... L.E.S.
3. Un seul comprimé et... (on donne plus d'impact à l'hypothèse) L.P.
4. Supprimez... et... (ironie, défi) L.P.
5. Prends le métro, tu seras à l'heure. (pour convaincre) L.P.
6. Le rayon laser aurait existé cent ans plus tôt,... (probabilité) L.E. et P.
7. Avec plus de persévérance, il... (l'hypothèse est liée à la manière) L.P.
   Plus persévérant, il... L.E.S.
8. Prise en main par..., cette entreprise... L.E.S.
9. Un centième de mieux et ce coureur battait... (donne plus d'impact à l'hypothèse - par ellipse du verbe) L.P.
10. Vous en avez assez de la grisaille parisienne ?... (pour inciter l'autre à agir selon ses désirs) L. Pub.
11. Attaque-toi à la grammaire... et tu verras... (défi) L.P.
12. Trois kilomètres plus loin... (expression de quantité) L.P.
13. Qu'elle se calme d'abord (condition prioritaire) L.P.
14. Surgisse un poids lourd et ce serait... (mise en valeur de la rapidité d'un fait) L.E.S.
    Qu'un poids lourd surgisse et... (hypothèse suffisante) L.E. et P.S.
15. En se présentant... (hypothèse liée au moyen) L.E. et P.S.

9 EXERCICE - Les noms

A) *L. 1* l'hypothèse / *L. 3* suppositions - invraisemblances / *L. 5* probabilités / *L. 6* conjectures / *L. 7* soupçons - présomptions / *L. 8* suspicion.
B) *1.* soupçons /*2.* pronostics /*3.* invraisemblances / *4.* hypothèse - supposition /*5.* prévisions /*6.* présomption /*7.* probabilités /*8.* suspicion /*9.* conjectures /*10.* cas.

10 EXERCICE - Les verbes

1. présager - 2. deviné - 3. se doutent - 4. imaginez - 5. augure - 6. suspecté - 7. pressens - 8. suppose - 9. soupçonné - 10. pronostiquer (prévoir) - 11. je subodore - 12. prévoir - 13. présager (prévoir) - 14. prévoir (présager) - 15. flairer.

11 EXERCICE - Les adjectifs

1. ... est souvent **aléatoire** - 2. est **plausible** - 3. pour une **éventuelle** promotion professionnelle - 4. En dépit d'un échec **probable** - 5. une version du meurtre aussi **invraisemblable** - 6. Il n'était pas **imaginable (concevable)** ... que l'avortement soit... (fût...) - 7. reste (demeure) **incertaine, hypothétique...**

12 EXERCICE - Dictée

L. 3 prévoir / *L. 4* il est probable que / *L. 5* si tant est que / *L. 6* Peut-être, pour autant que / *L. 8* dans la mesure où / *L. 10* suppose / L. 12 nul doute que / *L. 12-13* laissent présager / *L. 13* sûrement.

1 TEXTE DE SENSIBILISATION

Syntaxe		*Lexique*		*Expressions, Métaphores, Analogies*	
L. 1	autant de ... que ... de	*L. 2*	rapports	*L. 6*	grenier à blé (métaphore)
L. 5	ainsi	*L. 5*	échantillons	*L. 8*	ne le cède en rien à (expression) = est l'égal de
L. 5	comme	*L. 16*	différent/type	*L. 10*	d'oiseaux (élément de l'analogie : avoir un appétit d'oiseau)
L. 7	de même que	*L. 17*	dissemblables	*L. 11*	comparable à (analogie)
L. 7	pour	*L. 19*	divers	*L. 13*	pareil à (analogie)
L. 17	autant ... autant	*L. 19*	prédomine sur	*L. 14*	ciel chantant (métaphore) = très bleu
L. 19	de même			*L. 14*	à l'image ... de ... (analogie)
L. 20	plus ... plus				
L. 21	aussi ... que				
L. 22	plus ... que				
L. 23	plus				

2 EXERCICE

1. ..., il est comme neuf !
2. ... comme si ses habitants ...
3. ... comme quand on donne un coup de poing ...
4. ... comme s'il était aveugle et sourd
   comme s'il avait été ...
   Comme aveugle et sourd, (en tête de phrase)
5. ... comme s'il cherchait ...
   ... comme pour fuir un danger.
6. ... comme lorsqu'on reste trop longtemps immobile.
7. ... comme un aigle aurait guetté sa proie.
   ... comme quand un aigle guette sa proie.
   ... comme un aigle, sa proie.
8. ... et fit un geste comme pour chasser une mouche.
9. ... que ses doigts furent comme paralysés par le trac.
10. ... comme pour renouer avec ...
    ... comme si elle cherchait à renouer avec ...
11. ... comme s'il se fût agi d'un sacrilège !
    ... comme si un sacrilège eût été commis.

3 EXERCICE - AUTANT ou TANT ?

1. tant que + pouvoir = égalité en quantité = autant que.
   tant que + verbe = égalité en temps = aussi longtemps que.
2. autant... autant... / comparaison + opposition ; enfant et aujourd'hui ; chétif et impressionnant de stature.
3. tant qu'il... / variation parallèle de temps = aussi longtemps que.
4. autant de (tant de) + nom et égalité en nombre (phrase exclamative = autant - tant).
5. d'autant plus... qu'elle / variation parallèle : 2e proposition avec comparative plus.
6. tant que... / variation parallèle de temps = aussi longtemps que.
7. autant... que d' / égalité en quantité et ellipse du 2e **envie** = que (envie) d'.
8. d'autant mieux... que / variation parallèle ... en qualité. 2e proposition avec comparatif **plus**.
9. autant que / égalité entre 2 noms = **voix et ballades**.
10. tant que / après négation **rien, autant** devient **tant**.
11. d'autant moins de... que / variation parallèle négative. 2e proposition avec comparatif **moins**.
12. tant de... tant... / phrase exclamative : autant devient tant. 1re + nom et 2e expression verbale : **avoir envie**.
13. autant... autant... / comparaison + opposition = **grands-parents, jouir du temps** et **vivre le plus possible dans le présent**.
14. d'autant / égalité en quantité et ellipse de « de pas ».
15. autant que / égalité en quantité + verbe = autant que possible.
16. tant que / tous + autant devient tous autant que : expression.
17. Autant / expression elliptique : **Il vaut mieux** devient **autant vaut** qui devient **autant** seul.

4 EXERCICE - Variations autour de TEL

1. **tel un voleur** / Devant le groupe nominal / = à la manière d'un voleur.
2. **telle que** / Entre deux propositions / = exactement comme.
3. **tel..., tel...** / Mise en valeur de la similitude / = de même que... de même...
4. **telles** (que) / Suivi d'une énumération / = comme par exemple.
5. **telle** / Phrase exclamative et chargée d'un sentiment de réprobation / = aussi grande importance.
6. **telle quelle** / Épithète / = exactement comme elle est.
7. **pour tel** / Expression / = je le considère comme un misogyne, tel remplace misogyne.
8. en **de tels** lieux... avec **de telles** gens / Épithète / = de pareils lieux - de semblables gens.
9. **en tant que tel** / Remplace réfugié politique / = comme réfugié.
10. **de tels** / Épithète / = de semblables paroxysmes des paroxysmes comparables.
11. **tel celui** / Suivi d'un démonstratif et d'un relatif / = ainsi qu'un qui.
12. de **tel qu**'un / Ellipse du verbe être + phrase exclamative / = rien n'est aussi bon, aussi stimulant que.

5 EXERCICE - LES FRANÇAIS ET LE CINÉMA

A. 3 et 7 : Les Français aiment **bien davantage aller au** cinéma **qu'au** théâtre.
1 et 8 : **Autant** ils sont **nombreux** à regarder la télévision, **autant** ils sont **peu** à se rendre aux expositions.
3 et 4 : Ils apprécient **tout autant** le cinéma **que** le sport.
8 et 7 : Ils aiment encore **moins** se rendre aux musées **qu**'aux concerts.

4 et 5 : Ils ont **plutôt tendance à faire** du sport **qu'à rester** chez eux pour écouter de la musique.

B. — **Plus** ils sont jeunes, **plus** ils vont au cinéma.
— **Plus** ils vieillissent, **moins** ils vont au cinéma.
— Ils vont **d'autant moins** au cinéma **qu**'ils prennent de l'âge.
— **Tant qu**'ils n'ont pas la trentaine, ils aiment sortir et, en particulier, aller au cinéma.
— **Au fur et à mesure qu**'ils vieillissent, ils deviennent casaniers et délaissent toutes les distractions hormis la télévision.
— À 65 ans, ils **n**'aiment **rien tant que** la télévision.

C. 1 et 2 à 3 : **Comme** les cadres supérieurs, les artisans vont **davantage** au cinéma que les employés.
3 à 1 et 2 : **De même que** les ouvriers, les employés aiment **bien moins** le cinéma **que** les cadres et les artisans.

D. — La fréquentation apparaît **bien meilleure** en région parisienne **qu'en** province.
— La fréquentation se révèle **encore pire en** (de moindre ampleur) province **qu'en** région parisienne.
— On se rend **d'autant moins** souvent au cinéma **qu**'on s'éloigne de l'Île de France.

E. — Il semblerait que les hommes de droite soient **moins cinéphiles que ceux** de gauche.
... qu'**à droite**, on soit **moins cinéphile qu**'à gauche.
— Tout se passe **comme si** la cinéphilie dépendait des opinions politiques.

F. — Les spectateurs paraissent **aussi peu friands** des films à sujets politiques **que des** films d'horreur.
— Les films d'aventures **ainsi que** les policiers arrivent en tête du classement par genre.
— Les films de karaté, **au même titre que** les films érotiques, sont boudés par la quasi totalité du public.
— Une minorité apprécie certains genres, **tels que** comédies musicales ou films d'horreur.

6 EXERCICE

1. **Comme** / **À l'égal d'** un frère
2. **en** connaisseur
3. des ruses **de** Sioux
4. **Comme les** / **À l'exemple des** / **À l'instar des** jeunes télespectateurs suisses
5. **À côté de...** / **En comparaison de...** Londres, Paris a peu d'...
6. **En fonction du** / **Suivant le** développement
7. étirements **de** félin
8. **comme** une atteinte
9. Hérissés **en** crête de coq (ne pas répéter : « sommet du crâne » sinon pléonasme)
10. Passait **pour** guérisseur
11. **comme** / **pour** / **en guise d'** imper(méable)
12. Il prend ses désirs **pour** des réalités.
13. Il a reçu une taloche **en guise de** (**pour toute**) récompense.
14. D'un bleu **d**'acier (supprimer « très pâle... dureté » ; sinon pléonasme).
15. **D'après / selon / suivant** nos estimations... règnerait **en** souverain...

7 EXERCICE - Analogies d'auteurs

A. 1 : « Le plus souvent il répondra : sentier, soleil, vent, ciel, horizon, espace. »
2 : « J'ai l'impression que mon sommeil se prolonge, pendant que je suis en train de rêver que j'en sors. »
3 : « ... c'est rechercher une autre image de soi chez les autres, briser les cadres et les routines des mondes familiers, c'est se faire autre et, d'une certaine façon, renaître. »
4 : « ... ne sont qu'un ciel renversé d'étoiles sur firmament vert. »
5 : « ... elle évoque une silhouette impressionnante, quelque toile de Pissarro avec pour titre : "Par un matin d'été". »
6 : « ... pareils à quarante figurines de plomb formées du même moule. »
7 : « ... tels ces virtuoses qui demeurent toute une saison sans toucher à leur instrument. »
8 : « Semblable au peintre qui parvient à peindre son âme dans un autoportrait, il s'était efforcé de ... »

B. *la lune (L.E)*
La lune, à mon avis, **représente** l'invitation au rêve, à la méditation ; elle **symbolise** aussi l'univers de l'inconscient, de l'imaginaire, tel que l'ont dépeint les Romantiques.
la main (L.P.)
Je trouve qu'une poignée de main peut en dire long sur l'autre ; **ça traduit** un certain degré d'énergie... mais la main **me fait songer** aussi **au** travail, **à la** tendresse, **à la** menace ...
les Beatles (L.P.)
J'ai un disque des Beatles ... **les écouter, c'est me laisser droguer ... comme si** je voyageais dans un monde hurlant son besoin de tendresse ; **ça reflète** la rage de vivre de cette génération, je crois, et surtout sa révolte contre un monde en proie à la violence, l'aspiration des jeunes à la paix.
la Callas (L.E.)
La Callas avait une tessiture vocale qui **tenait du** miracle car c'était une tragédienne née, une voix qui, **telle une** plainte longtemps contenue et soudain libérée, **semblait** venir des entrailles.

8 EXERCICE - Synthèse

Description et interprétation de la lithographie : Pour ce qui est de la description, vers le milieu supérieur de la litho, une tête pâle de femme **semble** flotter et sortir d'une sphère sombre surmontée d'une tache claire **en forme** de croissant de lune. Des stries, paraissant orientées vers le haut, **évoquent** une explosion lumineuse.
Au-dessous, évoluent **en arc** un certain nombre de têtes **tels** des astres dans l'univers. Cependant que la première **rappellerait plutôt** une tête d'homme, les autres, **plutôt** des crânes. En outre, les plus proches sont munies d'yeux et de traits bien marqués, les autres **à mesure qu**'elles s'enfoncent dans le lointain sont dessinées **de plus en plus** sommairement. **On dirait que** ce groupe forme une chaîne évoluant de l'ombre vers la lumière, de la mort vers la vie. La scène est située dans l'espace (**suggéré par** de petites taches, **pareilles à** des étoiles), un espace où, **ainsi que** l'indique le titre, la vie germe.
Quant à l'interprétation, la chaîne de têtes **symboliserait** la germination de la vie, le passage de l'embryon au fœtus. Le rapprochement du masque à visage masculin et du visage féminin, auréolé de lumière, fait penser à la fécondation, début d'une nouvelle germination. **Tel** le maillon indispensable entre la mort et la vie, la femme apparaît à la fois **comme** un aboutissement (en fin de chaîne) et **comme** une source (la lumière). Enfin, lignes courbes et forme lunaire, **symbolisant** la femme, donnent un **sentiment de** perpétuel recommencement ; la situation dans l'espace, une valeur d'éternité. Cette lithographie, intitulée « germination », ne serait-elle pas une **allégorie** à la gloire de la femme, détentrice du secret de la vie ?

ANALYSE DU POÈME

C.

Syntaxe		Analogies		Métaphores	
L. 3	Ainsi que	*L. 4*	Fleurit	*L. 5*	Spectres dansants
L. 5	Moins que	*L. 9*	On dirait	*L. 11*	L'aorte
L. 8	Pour (2)	*L. 16*	Théâtre d'ombres	*L. 12*	Le vin de mes 20 ans
L. 11 *L. 15*	Comme			*L. 15*	S'y ouvre à deux battants
L. 18	Pas plus que			*L. 18*	Prendre à des livres leur cri

Première strophe : — Il lui arrivait de se frotter les yeux pour retrouver ses rêves.
— En répétant le geste de son enfance, il fait renaître les souvenirs de cette époque-là.
— Dans la mémoire du poète, que le temps n'a pas épargné, les **fantômes**, les amis de son enfance, ont gardé toute leur gaieté et vivacité d'alors.
Deuxième strophe : — Henri IV. Square du Vert-Galant (sobriquet donné au roi en raison de ses nombreuses conquêtes féminines et de sa vigueur à un âge encore avancé). L'île de la Cité.
— Les maisons, dites de style Henri IV, faites de briques qui évoquent la couleur des roses. Ainsi Toulouse, dont le centre est essentiellement construit en briques, est-elle aussi appelée : « La Ville rose ».
— L'île de la Cité dont la proue serait le square du Vert Galant.
— Un effet d'anachronisme. Alors qu'Aragon évoque le XVIIe siècle et la poésie du lieu, le charme est brutalement rompu par le caractère prosaïque de cette expression qui nous replonge dans notre époque bassement matérialiste.
Troisième strophe : — L'artère qui prend naissance à la base du ventricule gauche du cœur.
— L'île de la Cité étant au cœur et le cœur même de Paris, elle est traversée par les « artères » nord-sud (Rue Dauphine - Rue du Pont-Neuf et boulevards St-Michel et Sébastopol), qui irriguent la vie de la capitale.
— 20 ans, les débuts d'une vie, moment aussi excitant qu'un verre de vin et qui ressemble à ces suites discordantes de notes que donnent les musiciens d'un orchestre pour se mettre dans le ton. La jeunesse ne représente que les préliminaires d'une vie dont chacun fait son œuvre. Aragon reprend l'image du cœur et de la circulation sanguine, vitale pour Paris.
- Les allitérations en f et v doublées des assonances ou et an qui évoquent le vent.
Quatrième strophe : — Ses souvenirs parisiens resurgissent en lui comme des fantômes sur une scène.
— Ses souvenirs se sont imprimés en lui comme dans un livre. Ils sont donc indissociables. L'emploi du présent met en relief cette évidence toujours vraie. La structure « pas plus qu'on ne ... » sert de rapprochement pour montrer qu'une telle tentative est vouée de toute façon à l'échec.
— (v. 19) **Combien d'**événements dramatiques se sont accumulés pour... ! allusion de départ d'Aragon quittant Paris en 1940 au moment de l'invasion allemande.

9 **EXERCICE - Les noms**

1. collègues
2. précédent
3. exemplaire
4. analogie
5. contemporain
6. affinités
7. l'archétype
8. semblables congénères
9. prototype
10. confrères

10 **EXERCICE - Les adjectifs**

A. 1. le même - 2. hétérogène - 3. différents, divers - 4. bien différentes - 5. propre, particulier, spécifique - 6. prépondérant, prédominant - 7. homogènes, diverses - 8. hétéroclite, composite, disparate - 9. (une) pareille - 10. pareil - 11. variés, divers, différents - 12. inégaux.

B. 1. Une telle situation - 2. Un tel accueil - 3. ... une telle éventualité, hypothèse ... - 4. ... une telle entreprise / une telle initiative .. - 5. ... une telle vision ...

11 **EXERCICE - Les verbes**

A. 1. rapprocher / confronter certains verbes - 2. amalgamer / assimiler - 3. a prévalu (l'a emporté) - 4. s'apparente aux langues... - 5. jouer les puristes - 6. se différencie / se distingue du français - 7. se valent.

B. 1. améliorer - 2. prolongée - 3. y gagneront en ... et en ... - 4. s'étendre - 5. élargis ... s'est accru - 6. surélevés, rehaussés - 7. rallongés - 8. alourdir ... réduit ... se tasser.

12 **EXERCICE - « La colline des solitudes »**

A. Noms : semblants (*l. 2*)
Adjectifs : telles (*l. 10*) - la moindre (*l. 30*) - plus délicate (*l. 32*)
Conjonctions : telle (*l. 7*) - comme (*l. 19*) - comme (*l. 27*)
Analogies : semblait (*l. 3*) - figurait (*l. 5*) - comme quatre fers (*l. 9*) - on aurait dit que (*l. 14*) - c'était (*l. 20*)
Métaphores : peignées ou dépeignées (*l. 18*) - le poids d'un ciel (*l. 20*) - vertigineux (*l. 20*) - touches de rousseur (*l. 21*) - les rubans de route (*l. 22*) - s'évanouissaient (*l. 22*) - troupeau de toits (*l. 24*) - Ils étaient sur le point vif de l'opération (*l. 31-32*)

B. Mots : abcès (*l. 3*) - inflammation (*l. 4*) - pus mort (*l. 4*) - purulence (*l. 5*) - source du mal (*l. 5*) - assainir (*l. 6*)
Ces métaphores touchent au domaine médical : le héros décrivant le paysage est chirurgien de son état.

CORRIGÉ OPPOSITION-CONCESSION

1 EXERCICE

Opposition

Adverbe		*Prépositions*		*Lexique*	
L. 6	en contrepartie	*L. 10*	À l'encontre de	*L. 1*	entraves
		L. 11	Loin de	*L. 3*	lutte
		L. 26	Au détriment de	*L. 12*	interdit
				L. 17	se heurtent
				L. 17	obstacles
				L. 20	réfutent
Conjonction				*L. 23*	difficultés
				L. 31	s'opposer à
L. 16	tandis que			*L. 31*	aversions

Concession

Adverbes		*Prépositions*		*Conjonctions*	
L. 5	toutefois	*L. 8*	en dépit de	*L. 1*	même si
L. 28	quand même	*L. 8*	nonobstant	*L. 14-15*	aussi ... que ...
		L. 12	malgré	*L. 30*	quels que soient
		L. 14	au risque de		

Renforcements		*Autres moyens*	
L. 4-5	Si ... toutefois ...	*L. 18*	on pourra bien
L. 9	il n'en reste pas moins que	*L. 19*	Tout en protestant
L. 12-13-14	si ... il n'empêche que	*L. 20*	ils ont beau dire
L. 17	quoi qu'il en soit	*L. 26*	fût-il
L. 23	Si ... quant à elle ...	*L. 27*	, qui ...,

2 EXERCICE - Prépositions. La France et l'Europe

L. 2 contre / *L. 2* face à / *L. 4* à l'encontre de / *L. 8* loin de / *L. 10* au lieu de / *L. 13* auprès de - à côté de / *L. 14* à l'opposé de / *L. 16* au détriment de / *L. 19* au rebours de.

3 EXERCICE - Synthèse

1. Quand / Lorsque (Opposition dans le moment).
2. En revanche / À l'opposé / Inversement (Sens contraire).
3. Alors que / Tandis que (Opposition de personnes).
4. Par contre (L.F.) / À l'opposé / Inversement.
   Pendant que / Tandis que (Opposition dans la durée) ou Là où (Opposition et comparaison).
5. Au rebours des / À l'inverse des (Sens inverse) ou Face à (Comparaison et opposition).
6. Quand (Opposition dans le moment et phrase exclamative).
   Contre (Expression figée).
7. Au lieu d' (Opposition et substitution)
8. Contrairement à / À l'inverse de (Situations trés éloignées).
   Tandis que / Cependant que (L.S.) (Opposition dans la durée).
   Loin d' (Résultats attendus et obtenus très différents).
   Au lieu de (Opposition et substitution).
   À l'encontre de / Au rebours de (Sens inverse).

4 EXERCICE - Prépositions + NOM ou + INFINITIF Concession

1. en dépit de l'extrême pâleur de son visage, ...
2. nonobstant les recommandations ...
3. Au mépris des usages, ...
4. ... sans le connaître.
5. Malgré 18 mois d'aînesse.
6. Avec de tels yeux ...
7. ... en dépit de mes efforts, de mes qualités, de toute ma volonté...
8. ... quitte à démissionner.
9. Pour s'être mise à l'heure ...
10. Sans la neige ...
11. ... au risque de détériorer l'image ...
12. Pour un soi-disant chef de file de l'opposition, ...

5 EXERCICE - SANS QUE

1. ... sans que les députés français soient là.
2. ... sans que, selon la défense, les preuves suffisantes aient été rassemblées.
3. ... sans que la moindre trace de fatigue apparût sur son visage.
4. ... sans qu'il m'en coûte/coûtât un sou!
5. ... sans qu'un seul des invités ne s'en rendît compte.
6. ... sans que les associations ... en aient été informées.
7. Sans que les savants puissent encore l'affirmer, ...
8. Sans qu'une défaillance de l'engin ait été détectée, ...

6 EXERCICE - TOUT ... QUE

1. Tout ministre de l'Éducation qu'il est, ...
2. Tout éloquent que soit ce conférencier, ...
3. Tout original que soit ce roman, ...
4. Toute dépassée qu'elle me paraisse, cette méthode ...
5. Tout autodidacte qu'il est, cet industriel ...
6. Tout avantageuse que soit cette formule, elle ...
   (4 - 5 - 6 : permutation du nom et du pronom par souci d'euphonie).
7. Tout utile qu'il soit, le Minitel ... (utilité relative)
   Tout utile qu'il est ... (indispensable à l'utilisateur).
8. Tout dévoué qu'il soit, un précepteur ... (point de vue subjectif)
   Tout dévoué qu'il est, ... (réalité pour le locuteur).

7 EXERCICE - POUR... QUE... / SI... QUE... / AUSSI... + inversion

1. Pour imparfaites que soient ces réformes, ...
   Si imparfaites que soient ...
   Aussi imparfaites soient-elles, ces réformes ...
2. Si (Pour) généreux qu'ait été l'élan, ...
   Aussi généreux ait-il été, l'élan de solidarité ...
3. Si (Pour) déçu que vous soyez ...
   Aussi déçu soyez-vous, n'en faites pas ...
4. Si (Pour) modestes que soient mes travaux, ...
   Aussi modestes soient-ils, mes travaux ...
5. Si (Pour) critiquable que paraisse le Prix Goncourt ...
   Aussi critiquable paraisse-t-il, le Prix ...

8 EXERCICE - QUI QUE / QUOI QUE / OÙ QUE

1. Qui que vous soyez, je ...
2. ... pour qui que ce soit, vous m'entendez !
3. ... où qu'elle veuille partir. (L.F.)
   ... où qu'elle voulût partir. (L.S.)
4. ... aborder par qui que ce soit.
5. ... quoi que tu lui demandes.
6. ..., quoi qu'il soit devenu, ... (L.F.)
   ..., quoi qu'il fût devenu, ... (L.S.)
7. ..., quoi qu'elles fassent et où qu'elles aillent, ...

9 EXERCICE - QUOI QUE ou QUOIQUE ?

1. Quoi que tu penses, ...
2. Il a surmonté l'épreuve quoique difficile.
   Quoique l'épreuve soit difficile, il l'a surmontée. (L.F.)
   ... fût ... (L.S.)
3. Quoi que tu dises, quoi que tu fasses, ...
4. Quoiqu'il ait l'air tolérant, ...
5. Quoique chanceux, cette fois ...
6. ... : quoi qu'elle entreprenne, elle échouait. (L.F.)
   ... qu'elle entreprît, ... (L.S.)
7. Quoique brillante, sa plaidoirie ...
   Quoique sa plaidoirie ait été brillante, elle ...
8. Quoique j'ignore le résultat ...
   Quoi qu'il arrive (advienne) au procès, nous aurons ...
9. Quoique le service que vous m'aviez demandé, fût bien délicat, je vous l'avais rendu !

10 EXERCICE - QUEL / QUE / QUELQUE... QUE...

A. 1. Quelques solutions que vous cherchiez, ...
   2. Quelque effort qu'il ait fourni, ...
   3. Quelques échecs qu'elle ait connus ... (L.F.)
      ... qu'elle eût ... (L.S.)

B. 1. Quelque ingénieuse que soit cette idée, elle ...
   2. Quelque contrariés qu'ils soient ... (L.F.)
      ... qu'ils fussent ... (L.S.)
   3. Quelque réussie qu'ait pu vous paraître ...

C. 1. Quels que soient les avantages, ...
   2. Quel que fût le dévouement ...
   3. Quelles que soient les raisons et les circonstances, ...
      Quelles qu'aient été ...

D. 1. Quelque riche que vous soyez, ...
   2. Quelles que soient la saison ou la température, ...
   3. Quelque ingéniosité qu'il ait déployée, ...
   4. Quels qu'aient été les risques, ... (L.F.)
      ... que fussent ... (L.S.)
   5. Quelque dures qu'aient été les critiques, ...
   6. Quels que soient la valeur et l'intérêt (L.F.)
      ... fussent ... (L.S.)
      Quelque valeur et quelque intérêt que puisse avoir / que pût avoir ...
   7. Quel que soit le motif de l'employé, ... (L.F.)
      Quel que fût ... (L.S.)
      Quelque valable qu'ait été ... (L.F.)
      ... fût ... (L.S.)

11 EXERCICE - POUVOIR - AVOIR BEAU

1. Nous **pouvions** lui répéter sans cesse ... (possibilité)
   Nous **avions beau** (efforts vains)
2. J'**ai eu beau** chercher mon chien dans tout le quartier, je ne l'ai pas retrouvé. (efforts vains)
3. Ils **eurent beau** sonner tant et plus, personne ne les entendit ...
   Ils **purent ... mais** (efforts vains - liberté mais...)
4. **Il avait beau** ne plus y avoir de houle, je n'arrivais ... (équivalent de quoique)
5. Tu **as eu beau** ruser ... (efforts vains)
   ... **as beau avoir** rusé ...
   ... aurais eu beau ruser ...
6. Vous **pouvez** toujours aller vous plaindre ... (liberté)
7. Vous **pouvez** (toujours) changer certaines pièces ... (possibilité)
   ... **aurez beau** changer ... (efforts vains ou équivalent de quoique)
8. Les lettres **avaient beau être effacées** ... (efforts vains)
9. Elle **aurait eu beau** accumuler ... (efforts vains)
   ... **aurait beau avoir** accumulé ...
   ... **aurait bien pu** accumuler ... (possibilité)
10. Les années **avaient eu beau passer** ... (équivalent de quoique)
    ...**avaient beau avoir passé**

12 EXERCICE - Autres moyens

1. J'en aurais les ...	,	...
Il aurait son ...		...
Nous le lui répéterions ...	**que**	...
Vous seriez arrivé ...		...
2. Gagneriez-vous ...	,	...
Ne resterais-tu ...		...
Simplifierait-on ...	**que**	...

3. Dis-lui ...
   Partez ...
   Faites-lui ...
   Économis**e,** ...
   Rendez-lui servic**e,** ...
4. Dût-il ne pas dormir ...
   Fût-elle plus ...
   ... partager, fussent des sucres ...
   Eût-il voulu ...
   Un nouveau ministre eût-il été nommé, ...

13 EXERCICE - Autres moyens / Cousteau

1. Cousteau**, qui** a **pourtant** 75 ans**,** reste un jeune homme : il vagabonde toujours sur les mers.
2. (**Tout en étant**) **citoyen** du Monde**,** il n'a que deux patries : ses deux bateaux.
3. **N'ayant pas** la possibilité de se procurer des films**,** il en confectionne **tout de même** à partir de pellicules photos.
4. **Dût-il** vendre tous ses biens**,** il transforma le dragueur en laboratoire océanographique. (= au risque de)
5. Au festival de Cannes, le documentaire de Cousteau, « Le Monde du silence »**, dont** les héros sont des poissons**,** reçoit **pourtant** la Palme d'or.
6. Un film, **fût-il** un succès international, ne rencontre jamais un public aussi vaste qu'une émission ... (= *même si c'est)*
7. **Tout en étant** scientifiques, ses films ne sont pas rébarbatifs. Bien au contraire !
8. **Ayez** du succès**,** on trouv**era** toujours à critiquer.
9. **Virulent, coléreux,** il possède **en réalité** une vraie gentillesse ...
10. **Vénéré** par ses équipiers**,** il fait **néanmoins** attention à ce que chacun vi**v**e sur un pied d'égalité avec lui.
11. **Tout en menant/Menant** une vie pleine d'aventures**,** il a toujours tenu à avoir sa femme et ses enfants avec lui.
12. Des obstacles **surgiraient-ils**, des personnes **s'interposeraient-elles qu'/, il** trouverait toujours de nouveaux projets à échafauder.

14 EXERCICE - Lexique des noms

L. 6 : rivalités
L. 6 : luttes - duels
L. 8 : antagonismes
L. 8 : hostilité
L. 9 : répulsion
L. 9 : répugnance
L. 10 : contrariété
L. 11 : dissonnance
L. 12 : émeute - insurrection
L. 13 : à contretemps
L. 14 : antithèse

15 EXERCICE - Lexique des verbes

1. est confronté à / se trouve confronté à / se heurte à.
2. je ne conteste pas.
3. a riposté / a rétorqué / a répliqué.
4. contrarier.
5. braquer contre toi.
6. insurgée / rebellée / révoltée contre.
7. contraste avec / tranche avec.
8. entraver / contrecarrer / contrarier / empêcher.
9. réfuta.
10. rechignait à / renâclait à.
11. braver.
12. trancher avec / jurer avec (péjoratif et L.F.).
13. affronter / faire face à.
14. se sont dressés contre.

16 EXERCICE - « Vipère au poing »

L. 1 et 2 : SI ... QUE + SUBJONCTIF : intensité = même si + très
L. 3 : TANDIS QUE : opposition de personnes (mon père - je) et d'actions (manifestait ; accumulait ≠ aimais)
L. 6 : PEUT : tournure équivalente de « avoir beau »
L. 7 : MAIS / coordonnant en relation avec « peut ».
L. 8 : QUELLES QUE + SUBJONCTIF : restriction.
L. 9 : POURTANT : adverbe.

TEXTE 1

	Syntaxe		Lexique		Autres moyens	
Cause	*L. 1* *L. 14*	non que parce que	*L. 9* *L. 18*	avaient causé vient d'...		
Conséquence	*L. 3-4* *L. 4* *L. 12* *L. 13*	si ... que ... sans que ... sans sans que				
Comparaison	*L. 1* *L. 2* *L. 6* *L. 10* *L. 10* *L. 16*	comme comme aussi ... que plutôt à peu près de même que	*L. 19*	analogue à	*L. 14*	semble
Hypothèse	*L. 2*	sans doute				
Concession	*L. 5* *L. 10* *L. 11* *L. 12* *L. 16*	même si mais pourtant mais bien que ... néanmoins				

Aubin Imprimeur
LIGUGÉ, POITIERS

Achevé d'imprimer en mai 1990
N° d'édition CL 52981-II-20 I (D.o.VII) M / N° d'impression L 35125
Dépôt légal mai 1990 / Imprimé en France